FEMINISMO

Arte con perspectiva de género

FEMINISMO

Arte con perspectiva de género

Esther Tauroni Bernabeu

A las mujeres,

Protagonistas de historias ajenas,

y reivindicadoras de una propia.

A mis hijas Pepa C. Tauroni y

Mia H. Tauroni.

Con todo el amor de su madre.

Presentación

Si fuera hombre, sería experto, pero como soy mujer he de conformarme con ser una sencilla y humilde ciudadana que obtuvo la licenciatura y suficiencia investigadora en historia del arte. También soy técnica en igualdad. Ello, unido a las experiencias vividas, me ha inducido a comprobar la sociedad llena de desigualdades en que vivimos y a, desde mis conocimientos proponer las producciones artísticas como un medio eficaz para evidenciar discriminaciones así como prevenir y sensibilizar sobre la violencia por razón de género y servir de instrumento en la educación por la igualdad. Además, y por supuesto, acercar el arte a quien comparta las mismas inquietudes.

Acostumbramos a visitar un museo, una galería, una exposición, un manual o un catálogo y observar las obras de arte en función de la técnica empleada, las formas, el color y quedándonos con información como el nombre de la autora o el autor, la fecha en la que se ejecutó o el país o escuela donde se creó. Desde este punto de vista las obras de arte se consagran a ser elementos pasivos del saber que forman parte de templos silenciosos.

El arte es reflejo de una sociedad, momento histórico, ideas, creencias valores y, como tal, sus contenidos deben ser una puerta abierta al diálogo, a la reflexión y al debate.

Las obras de arte están plagadas de cuerpos desnudos de mujeres que, en principio parecen exhibirse pero que realmente esconden la mirada voyerista. Imágenes infantilizadas contienen hipersexualizaciones de los cuerpos femeninos que quizá ocultan mensajes pedófilos. Las escenas amagan macro y micromachismos.

Pinturas del siglo XVIII y hasta la actualidad abren la posibilidad de hablar de historia, de historia femenina, de vivencias y olas feministas así como de fechas y datos que hoy se consagran en las reivindicaciones de mujeres.

Filicidios, violaciones, abusos sexuales, suicidios, sacrificios, roles, estereotipos o cánones de belleza son algunos, de entre muchos, temas que se abordan en este ejemplar desde la historia del arte. La mujer como sujeto y objeto de la historia es la protagonista de este estudio.

Las producciones artísticas son la antesala de la fotografía, ésta a su vez del cine, la publicidad y los medios de comunicación de modo que tener una visión crítica redundará en visualizar la sociedad actual con una mirada clara, transparente, real y feminista.

En artículos que he escrito, charlas y debates que he organizado o talleres que he coordinado, he comprobado, de primera mano, como una obra de arte atrae y es, además de una herramienta de comunicación, un punto de arranque de espacios de expresión que activa la inclusión, la transformación personal y social.

El arte tiene un lenguaje universal que supera barreras idiomáticas y generacionales, transmite experiencias donde pueden reconocerse vivencias individuales y comunes, favorece y estimula los cambios sociales. Es, en definitiva, un fabuloso instrumento generador de ambientes de expresión, encuentro, participación y desarrollo personal. Espacios que permiten a las personas trascender dificultades y, para el caso específico de este ejemplar, evidenciar la desigualdad que viven las mujeres y avanzar, conjuntamente, hacia la igualdad.

La expresión es una dimensión y un derecho fundamental de las personas y, la expresión artística, una vía privilegiada para que podamos, especialmente quienes afrontan situaciones de exclusión o vulnerabilidad, desarrollarse, reivindicar y ejercer sus derechos.

Unas conocidas, y otras quizá no, obras del renacimiento, del barroco, de movimientos de vanguardia y contemporáneos; de diferentes escuelas, artistas, países o instituciones que las guardan, nos acercaran en este libro al arte con perspectiva de género.

Invito pues, a mujeres y hombres conscientes de los desequilibrios sociales y firmemente creyentes en la igualdad entre géneros a detenerse en las obras que propongo al principio de cada capítulo, a observarla, a sentirla, a pensar. A continuación a leer, con espíritu crítico, a cuestionar las opiniones vertidas, a enriquecerse con las que sean afines. Y, en última instancia, a transformarse, a crecer, a incrementar la empatía hacia las mujeres, evidenciar y reconocer situaciones personales, familiares o ajenas. A entender que el arte es un útil incuestionable en la educación para la igualdad.

De unas vivencias soy protagonista, de otras no. Escribo en primera persona porque soy mujer, cómplice sin ninguna duda y solidaria con el resto de mujeres.

A mis compañeras de la Asociación Madre Rea, especialmente a Paqui García, a las Hijas de Lilith, a Leticia, Rosario, Melinda, Mercedes, Isabel, Carmen, Verónica, Geno, Mireia, Elisa, María,

Sonia, Inno, a todas por ver la realidad con las gafas moradas. A las asociaciones de mujeres, a las feministas, a quienes ponen todos los días su granito de arena en la lucha por la libertad, a quienes desde las instituciones, apoyan. A quienes son conscientes de la necesidad de políticas de igualdad. Gracias por enriquecer mi vida con vuestra experiencia y valentía.

A las maestras y maestros que me han formado artísticamente, Santiago Sebastián, Pilar Pedraza, Carmen Gracia, Daniel Benito, Fernando Benito, Ester Alba, Monica Bolufer y, especialmente, a Juan Alberto Kurz Muñoz, gran maestro y mejor amigo. Gracias por estar en mi vida.

Índice

Prólogo

La historia del arte, como todas las ramas del saber, siempre se han estudiado desde un punto de vista androcéntrico, es decir, el hombre ha sido el creador, la mujer, la creada; él activo, ella pasiva; él genio, ella musa. La concepción sexista del arte es la responsable de que los museos sean templos pasivos del saber, donde se exhiben cuerpos femeninos desnudos, historias creadas en torno a mitos o leyendas que encubren abusos y violaciones o retratos de mujeres que invisibilizan sus aportaciones a la cultura.

Con perspectiva de género me propongo acercar el arte a la ciudadanía y la realidad de las mujeres al arte con el objetivo de descubrir en el primero una magnífica herramienta que visibiliza la historia que ha vivido el mundo femenino y, en el segundo, la lacra de la violencia machista.

Observar las obras propuestas en cada capítulo, pensar, sentir, leer las opiniones subjetivas que se expresan, invitar a dialogar, a contrastar opiniones y exponer diferentes puntos de vista son las intenciones de esta autora en el presente ejemplar. Si se está o no de acuerdo, lo importante es no dejar a quien lee indiferente. Crear debate es el motivo final.

Sensibilizar, prevenir y concienciar sobre las desigualdades existentes entre diferentes géneros es la cuestión. Abogar por la igualdad, la solución.

La violencia está implícita en el arte, es decir la cultura, porque refleja la misoginia y la crueldad patriarcal hacia las mujeres en diferentes épocas de la historia. La cosificación, sobre todo sexual, hacia el género femenino se consolidó en los textos de la antigüedad y se ha utilizado como adorno literario para explicar cómo determinadas historias y leyendas encubren violaciones sexuales y perversiones voyeristas.

Bajo el nombre de la humillación se engloban los diversos actos agresivos que se presentan hacia las mujeres, pues en ocasiones entre el mito y la realidad no hay una distancia verdadera. Las producciones literarias, y, por ende, las artes plásticas, son fruto de personas que las edifican en pro de sus intereses o de los demás sujetos.

La violencia de género es una lacra social que afecta a todas y a todos. A las mujeres por ser las víctimas directas; a los hombres, por ser compañeros, padres, hijos, hermanos o tener vínculos sanos con las mujeres.

La entrada en vigor de la Ley integral contra la Violencia de género (LO 1/2004) creó un clima de esperanza para poder atajar la realidad de las mujeres víctimas de violencia de género. Sin embargo ni dicha ley ni el Pacto de Estado contra la Violencia de Género han sido la panacea para atajar la violencia de género, machista y sexual, que en las últimas horas, en las últimas semanas, no para de incrementarse. Actualmente las cuotas de violencia de género son cada vez más altas entre los más jóvenes.

El asesinato y la violación son la punta del iceberg. La invisibilización, el control, la exclusividad, el aislamiento, la anulación y el chantaje emocional son formas sutiles e invisibles de esta violencia. Los desprecios, las humillaciones y las amenazas, también lo son. Gritos, insultos, agresiones físicas y abusos además de ser evidentes, son antesalas de dramáticos finales. Unas y otras manifestaciones se nutren en el sistema patriarcal.

En demasiados sectores estos comportamientos sociales están normalizados. La sociedad parece resignada a la existencia de este gravísimo problema que se suele entender como un asunto doméstico que solo afecta a las partes implicadas cuando realmente es de índole social y comunitario.

Le educación en la igualdad es la clave para erradicar las violencias. Y no se trata de educar a quienes están en periodo de escolarización, sino de hacerlo a toda la población previniendo, sensibilizando y concienciando. Las producciones de la historia del arte, como reflejo de la sociedad, son una herramienta pedagógica magnífica para visibilizar las desigualdades, mover conciencias y abrir necesarios debates.

La sociedad de hoy y las generaciones futuras precisan herramientas para ejercer la crítica y discernir los contenidos machistas que respiramos a diario a todos los niveles, desde los que forman parte de la cotidianeidad hasta los que nos llegan desde los medios de comunicación, publicidad e internet.

Tradicionalmente las producciones artísticas se han estudiado desde su descripción formal, perdiendo la oportunidad de contribuir en la formación y socialización. Es hora de entender el arte como transmisor de cultura, de sentimientos, de experiencias, de dialogo. El arte revela historias, intencionalidad, significados, ideas, unas intrínsecas y otras que podemos crear en función de la concepción de nuestro mundo. Huyendo del utilitarismo y el objetivismo de la historia del arte, analizando otras cuestiones diferentes a las formas y su uso o el dominio de la técnica hallaremos en la historia del arte, la historia de la plasmación de ideas, sentimientos, cultura y folklore humanos. Y como tal debe ser entendida, estudiada y transmitida a las nuevas generaciones que así verán su vida enriquecida desde muchos más frentes que el puramente formal.

Es propósito de esta autora decodificar las imágenes, analizar los mensajes ocultos, evidenciar mecanismos de poder, analizar historias de vida de mujeres, rescatar artistas femeninas, sacarlas de la sombra a que las ha sometido el patriarcado, sentir, pensar, ver nuestros reflejos, encontrar respuestas y comprender que el arte como reflejo de la historia es una valiosa herramienta para educar en igualdad.

El 25 de noviembre, el minuto de silencio y el aplauso ante la desesperación y el vacio.

Johann Heinrich Füssli "El Silencio". Óleo sobre lienzo. 63,5 x 51,5 cm. 1800. Kunsthaus , Zürich.

Aún sin finalizar un año, no pueden darse fechas exactas sobre las mujeres asesinadas por violencia machista, sin embargo, sí podemos anticiparnos al tipo de actos que gobiernos e instituciones organizaran el 25 de noviembre con motivo de "El Día Internacional de la Eliminación de la Violencia contra la Mujer", un dramático día que algunos conmemoran ante las cámaras guardando silencio y poniendo de manifiesto su incapacidad para abordar la violencia que sufrimos las mujeres. Aún así y sin pudor, callan.

¿Por qué un minuto de silencio? ¿Por qué un 25 de noviembre? Echemos un repaso a la historia.

El fin de la Primera Guerra en noviembre de 1919 se celebró en toda Europa con un festín en el que participaron millones de personas celebrando el fin de las hostilidades que habían tenido lugar durante cuatro largos años, y que se había llevado la vida de más de 10 millones de personas. El periodista y soldado australiano, residente en Londres, Edward George Honey en el 11 de noviembre y en un periódico local sugirió la idea de homenajear a las víctimas guardando cinco minutos de silencio.

La idea no tuvo demasiada repercusión hasta que, meses más tarde, la rescató el sudafricano James Percy Patrick quien, en una carta dirigida al entonces rey Jorge V, la volvió a proponer, despertando en el monarca gran entusiasmo y elevándola al resto de países de la Commonwealth. Aunque reducidos a dos, a las 11 horas del día 11 del mes 11, los países anglosajones paran sus relojes en unos emotivos y estrictos minutos de silencio.

En esta tradición de guardar silencio se han postulado muchos movimientos sociales y culturales, entre ellos el feminismo. En el Primer encuentro Feminista Latinoamericano y del Caribe, celebrado en Bogotá en 1981, se estableció en honor a las hermanas Mirabal que el día de su asesinato (el 25 de noviembre) se conmemorase el Día Internacional de la No Violencia Contra la Mujer.

Patria, Minerva y Maria Teresa Mirabal fueron tres hermanas dominicanas que tras ser violadas y torturadas fueron asesinadas por rebelarse ante la dictadura de Rafael Leónidas Trujillo. Criadas en un hogar acomodado, estudiaron internas en un colegio religioso dónde destacaron por su inteligencia e interés. Cuando Trujillo llegó al poder la familia Mirabal perdió casi toda su fortuna y ellas empezaron su militancia en un grupo de oposición al régimen llamado "Agrupación política 14 de junio". Dentro del grupo se las conocía como "Las mariposas". La militancia les supuso la persecución, el encarcelamiento y, al final de una emboscada, la muerte.

En mayo de 1960, teniendo entre 26 y 36 años, Minerva y María Teresa fueron juzgadas por atentar contra la seguridad del estado dominicano y condenadas a tres años de prisión. Tres meses después, y para demostrar su "generosidad", Trujillo ordenó que fueran liberadas a la par que se las utilizaba para advertir a los y las rebeldes. No habían pasado ni dos semanas de la salida de prisión y ambas hermanas continuaron siendo perseguidas. Según cuenta en sus escritos Victor Alicinio Peña Rivera, entonces teniente, recibió de Cándido Torres Tejada (capitán del Servicio de Inteligencia Militar) la siguiente orden:

"(...) que dispongas el traslado a Puerto Plata de los esposos de las Hermanas Mirabal, la justificación del traslado será el descubrimiento de armas clandestinas dirigidas al movimiento que ellos encabezan, la idea es que ellos nos ayuden a determinar si las personas apresadas las pueden identificar como miembros del movimiento, una vez terminado esto les puedes decir que serán regresados a Salcedo de nuevo. Una vez trasladados les prepararás una emboscada en la carretera a las Hermanas Mirabal, deben morir y se simulará un accidente automovilístico, ese es el deseo del jefe."

Así, el 25 de noviembre, funcionarios de la policía secreta interceptaron el vehículo en que se trasladaba a las hermanas. Tras violarlas las ahorcaron, apalearon y finalmente lanzaron dentro del automóvil por un precipicio simulando un accidente.

Por ello, y desde hace aproximadamente 35 años cada 25 de noviembre tenemos la costumbre de guardar ese minuto de silencio en homenaje a las mujeres víctimas de violencia de género.

El silencio implica reflexión, meditación, condolencias y propósito de enmienda. El silencio es respeto, homenaje, responsabilidad y determinación de soluciones. El silencio es la antesala de la reacción al duelo, del nuevo comienzo, de la recapacitación. Eso es el silencio, y en el más absoluto silencio a consecuencia de la desesperación, el terror y el vacío permanecen las víctimas de violencia machista no solo un minuto, sino la mayor parte de sus vidas.

Como historiadora del arte, feminista y vorazmente sensibilizada con el terrorismo de género, me conmueve, y espero que a vosotras también, la obra realizada entre 1799 y 1801 por el artista suizo establecido en Gran Bretaña, Johann Heinrich Füssli "El Silencio" que, en un óleo sobre lienzo en un formato de 63,5 x 51,5 cm., transmitió de forma sublime el sentir femenino de la palabra. La obra, que hoy se expone en Kunsthaus (Zürich), mejor que cualquier fotografía, expresa el pozo, el aislamiento, la soledad y el dolor en que se encuentran sumidas cada día más mujeres comprobando que, ante las violencias machistas, nadie pone soluciones. Adentrando en los sentimientos, éste precursor del romanticismo inserta la imagen de una mujer en un mundo terrorífico y nocturno, oscuro que busca despertar en el espectador la emoción y la subjetividad con raíces en la irracional realidad.

Sin precisar de color ni de formas, Füssli nos propone una única figura rotunda y luminosa que se difumina con el fondo oscuro. Su postura denota la ambigüedad de sentimientos desde el abandono al ensimismamiento, desde su interior hacia el exterior, desde lo fantasmagórico hasta lo real. Su cuerpo grande esconde el rostro en una cabellera que busca en sí misma la respuesta a su existencia.

Es la imagen del abatimiento, la parada al borde del precipicio, la desesperación ante la incomprensión, la reclusión en la profundidad de un mundo que resulta insensible ante la angustia. Aturdida, conmocionada y confundida la mujer de Füssli, derrotada, acepta que ha vivido una mentira, la mentira de su maltratador, la mentira de quienes la animaban a denunciar, la mentira de quienes le prometían soluciones, la mentira de quienes le auspiciaban que el miedo iba a terminar. "El Silencio" del pintor suizo es el de las mujeres que, desconsoladas, no creen en la justicia y únicamente les queda sobrevivir en el Hades, en el fracaso y la decepción ante un sistema que las envía al foso, dónde la acompañan la culpabilidad y el autocastigo, donde respiran inertes.

Ante estos sentimientos de abandono y frustración las Instituciones internacionales "celebran" cada 25 de noviembre éste día, de forma más esperpéntica cada año.

Las mujeres viven, en demasiados casos, una tortura continua, una escalada de violencia y un círculo del que las mismas instituciones invitan a salir. En radio y televisión de vez en cuando incitan a denunciar y, cuando lo hacemos nos encontramos que nos obligan a vivir con el maltratador, con custodias compartidas impuestas o con la pérdida de la misma que es entregada a los violentos.

A las mujeres que denuncian se les aplica el SAP.

A las mujeres que denuncian públicamente las llaman "putas".

A las mujeres que denuncian las revictimiza el sistema.

A las mujeres que denuncian, los más generosos, les conceden una orden de alejamiento que, sin ningún control, es el aposento de su asesinato.

Las mujeres que denuncian sufren el maltrato institucional, son la cara de la pobreza, de la depresión y la ansiedad, las que pierden la dignidad en las colas de centros benéficos y asociaciones pidiendo algo que echar a las bocas de sus hijos e hijas.

Las mujeres que denuncian aumentan su situación de riesgo porque a partir de ese momento no solo su agresor abusa de su vulnerabilidad, lo hacen también los servicios de atención, las periciales psicológicas y las sentencias condenatorias.

Las mujeres que denuncian sufren la estigmatización social, acuden a solicitar la RAI y, con suerte, consiguen trabajos precarios. A las mujeres víctimas, en una doble moral que habla de discriminación positiva, les regalan algún punto para opositar y en esa doble moral al maltratador lo invisibilizan, protegen e incluso ponen a su disposición más mecanismos para extorsionar y maltratar a la mujer. Las mujeres se ven inmersas en una espiral de violencia junto con sus hijos e hijas.

364 días al año de violaciones, de agresiones, de malos tratos físicos y psíquicos, de permisividad ante la trata de mujeres, de tolerancia hacia el proxeneta, de transigencia al violento, de apoyo a campañas que cosifican a las mujeres, de pretender dar valor económico a los úteros, de proponer que nuestros cuerpos o nuestros vientres sean de alquiler.

364 días de desprecios, de ignorar a la que sufre, de pasearla por los tribunales de justicia, de manipular las cifras, de decir que el presunto asesino parecía un buen padre, un agradable vecino, un hombre bueno.

364 días escuchando que son histéricas, que no hay recursos, que se pida cita previa, que el señor o la señora tal están ocupados, que la noticia no tiene cabida en la prensa, que no hay personal para dar cobertura a la noticia.

364 días de acusaciones, de ser "bichos", "zorras", de tacharnos por ser "emocionalmente

dependientes", de fustigarnos por ser enfermas, patéticas, locas, de permitir que lo hagan los machistas y de potenciarlo el patriarcado.

Días, noches, semanas, meses de dolor y desesperación que maquillan con tapa ojeras y ocultan con la barra de labios y lápiz de rímel. De hacer piruetas para llenar el carro de la compra, de descolgar los teléfonos pidiendo ayuda y al otro lado de la línea alguien escuchar "Señora, descanse..."

Y llega el día 365, el 25 de noviembre. Como por arte de magia la tortilla da la vuelta. Los medios de comunicación salen a la caza de la noticia, a ver cuál de todos consigue la más escabrosa. De la nada salen voces de abusos sexuales, historias del pasado, recordatorios de lo que "no tuvo que haber hecho", testimonios macabros, recetarios, entrevistas con profesionales, estadísticas, voces apagadas, mujeres heroicas. Encorsetados y con sus mejores galas todos y todas las que tienen la responsabilidad de buscar soluciones, se ponen sus mejores galas para ser protagonistas de los espacios públicos guardando un minuto de silencio. En las ciudades aparecen encabezando manifestaciones portando la sábana de la vergüenza, la sábana que lleva inscrita una frase, una fecha que caduca al minuto dos y utilizan lo mismo que a las víctimas para lavar sus conciencias. Transcurrido el minuto alzan sus rostros cabizbajos y, sonrientes, piden un aplauso, y empiezan a aplaudir. Resulta perturbador.

¿A quién aplauden? ¿A las mujeres muertas? ¿A las que van a morir? ¿A los asesinos vivos? ¿A los y las hijas huérfanas? ¿A los legisladores? ¿A los ejecutores? ¿Para quién es ese aplauso?

Incomprensible. No se puede comprender quien es merecedor de aplausos ni como, habiendo hecho caso omiso a las víctimas, se atreven a guardar el minuto de silencio.

Tras años y años de callar y guardar silencio ha llegado el momento de que las mujeres griten, voceen y bramen su dolor y lo hagan irrumpiendo entre quienes guardan silencio. También ha llegado el momento de que quienes tienen la responsabilidad de actuar lo hagan, y todos los días y den soluciones en vez de silenciar.

El machismo está matando a mujeres, a sus hijas y a sus hijos. No se puede justificar la violencia, buscar atenuantes o culpabilizar a las víctimas.

Es momento de que las mujeres tomen conciencia de los que somos y el trato que recibimos por razón de género. Es momento de sororidad, de empoderamiento, de unión, de apartar motivos personales y luchar por la causa común. Es momento de darle voz al silencio, abandonar mutismos y olvidar sumisiones. El machismo es el virus más feroz del patriarcado, su mortal y mortífera enfermedad.

El minuto de silencio es centenario, las hermanas Mirabal forman parte de la dramática leyenda, la realidad supera la ficción y el arte, como la obra de Füssli, expresa la conmoción del alma.

La violación de René Magritte, a propósito de la legalización de la prostitución.

René Magritte "Violación". Óleo sobre lienzo
73x54 cm. 1934

Se trata de una de las obras claves del realismo mágico, del movimiento pictórico encabezado por el pintor belga René Magritte (1898-1967).

Se trata de mostrar, superponiendo imágenes, una realidad alterada, onírica y subconsciente como algo cotidiano y común.

Se trata de suscitar actitudes, no emociones, ante la realidad percibida de forma distorsionadamente mágica, anormal, intuitiva y no explicativa.

Se trata de un ser fantástico concebido por la crueldad humana, la creación de una nueva mujer construida tras su destrucción. Su marginalidad la mantiene aislada en un mundo real pero espacialmente desconocido.

Se trata de una mujer que actúa sin actuar, atemporal, estática, intranscendente, contradictoria, invertida.

Se trata de una imagen carente de complejidad en primera instancia pero, analizando, de un desmesurado dramatismo que incluso se atreve a lanzar un guiño perverso con su ambigüedad.

René François Ghislain Magritte pretendió con su obra "La violación", realizada en 1934, cambiar la percepción precondicionada de la realidad y forzar a quienes la observan a hacerse hipersensitivos/as a su entorno y a la sociedad en que vivimos.

Dos realidades se unen en este cuadro. Por un lado el torso de una mujer, por otro el cuerpo desnudo de una niña adolescente. Es el encuentro de dos situaciones cronológicas diversas que se unen para evidenciar la anulación de una y otra.

La imagen se duplica y unifica ausentando la esencia de cada una. La mujer ha perdido sus sentidos, sus ojos, su nariz, su boca, expresión y emoción, su rostro se ha sexualizado y sus ojos han sido sustituidos por senos juveniles, sus fosas nasales por un vientre plano, infantil y sus labios por un pubis hermético, de vello incipiente que la enmudece.

La sutil manipulación de ambas imágenes resulta paradójica y extraña. Evoca la frialdad y el vacio tras la violación. Es la mujer que, tras el dramático suceso, se mira al espejo y no se reconoce, la que siente que ha quedado reducida a una sexualidad impuesta, tirana y traumatizante. Vacía, insensible, rota, perdida en un mundo ajeno.

Una sensación que le acompañara para siempre, que le hará olvidar sus dotes intelectuales, su naturaleza propia, sus sueños y proyectos, Una sensación de muerte emocional, de pérdida de la dignidad, de asco hacia sí misma, de vulgaridad y repugnancia hacia lo que no pudo evitar. Un dolor irreparable que se agravará cuando compruebe que la misma sociedad la culpará. Unos dirán que fue por su forma de vestir, otros que su forma de actuar, otros que no eran horas de andar por la calle y demasiados, subliminalmente, dirán que es una "puta", que consintió, provocó o asumió.

Tras la violación la mujer pierde, en la obra de Magritte, su rostro, sus facciones ya no existen, son invisibles y solo evidencian la desgracia de lo que ha sucedido, en la cosificación que se ha convertido. Sus cabellos despeinados son la renuncia a sentirse bella, a sentirse mujer y a convertirse en esclava y víctima de su sexo.

Un hecho tan brutal la ha metamorfoseado exterior e interiormente. Su virginal cuerpo de niña ha sido agredido brutalmente y la ha convertido, forzosamente, en una prostituta. Ha dejado de ser una niña, una mujer, para convertirse en un objeto, una propiedad pública, un cuadro que se puede colocar en cualquier estancia privada o pública. Un objeto sexual al alcance de todos.

La violación deja a la niña y a la mujer en una situación vital de síndrome de stress postraumático que la conducirá en el 60% de los casos a ejercer la prostitución como consecuencia de haber interiorizado y normalizado las amenazas desde la infancia, la denigración y la vejación. El fantasma del pasado acompaña durante toda su vida. El abuso de drogas y de alcohol también son formas de afrontar la violación que sufrieron.

La prostitución no puede considerarse una elección o un modo de vida jamás, sino la forma de convertir al proxeneta en empresario, a las niñas en mercancías traficadas, a las mujeres en eternas víctimas y a la violación en un acto aberrante legítimo.

Continuamente sale a la palestra la idea de legalizar la prostitución así como los sindicatos de prostitutas, con argumentos inconcebibles puesto que jamás un Estado de derecho puede aceptar ni permitir la agresión sexual, la violación o el abuso que conlleva intrínsecamente la prostitución.

Sin bien es cierto que este "trabajo sexual" se ha catalogado como la profesión más antigua del mundo, evidencia la situación de coerción, violencia, desigualdad y explotación a que hemos estado sometidas las mujeres. La defensa por la igualdad no puede darle la mínima tregua, si no que ha de exigir su penalización por encubrir el abuso y la violación.

El filicidio, la respuesta del patriarcado al feminismo.

Francisco de Goya "Saturno devorando a su hijo".
Óleo sobre revoco. 146 × 83 cm. 1819-1823.
Museo del Prado.

De la relación de Urano y Cibeles nacieron Saturno y su hermano mayor Titán, quien le permitió reinar en su lugar con la condición de "No criar a sus hijos". En la mitología romana Saturno, dios de la agricultura y la cosecha, suplió al griego Cronos.

Saturno se casó con Ops (Rea), con quien tuvo varios hijos, pero para cumplir el pacto que había hecho con su hermano iba devorándolos a medida que nacían. Por ese motivo Ops decidió ocultar a Júpiter, Neptuno y Plutón y criarlos en secreto, mostrándole solo a su hija Juno. Enterado Titán del engaño, encerró a su hermano y esposa dónde permanecieron hasta que ya adulto Júpiter se enfrentó a su tío y lo derrotó, devolviéndole a su padre el imperio del cielo.

El mito de Saturno devorando a sus hijos lo narra Ovidio en los" Fastos" en el libro IV (197-200):

« (...) Saturno queriendo saber la estabilidad de su Reino, tuvo por respuesta de un Oráculo, que le despojaría de él un hijo suyo. Con este temor dio orden de que se criasen las hijas, que tuviese en su mujer Rea, o Cibeles, y los varones que parían se los comía el mismo. Hallándose Cibeles preñada huyó a la Isla de Creta, en donde de un parto dio a luz a Júpiter y a Juno (...)».

Pictóricamente, la representación del mito ha sido abordada por varios maestros de la pintura moderna y contemporánea y, pese a cronologías diferentes, todas las imágenes tienen en común la representación aislada, el oscurantismo del acto, la dramatización de la escena y la superioridad y fuerza brutal ejercida por el dios frente a la inocencia y vulnerabilidad de la criatura. Posiblemente, una de las representaciones más violentas y sangrientas que nos ofrece la historia del arte. Daniele Crespi, Rubens, Giulia Lama y Francisco de Goya son algunos artistas que representaron la leyenda.

Según Freud el mito de Saturno está relacionado con la melancolía y la destrucción, con la impotencia sexual y el vacio sentimental. Hoy, y teniendo en cuenta los avances feministas podemos entender execrable atrocidad como la última y más cruel de las actuaciones que puede el patriarcado ejercer contra la mujer y que es el filicidio como venganza que supera en bestialidad el acto de devorar al descendiente.

La expresión más utilizada para definir la muerte de un niño o una niña es "infanticidio" y en el caso de tener menos de 24 horas "neonaticidio", sin embargo el término correcto para definir el asesinato de un hijo o hija a manos de un progenitor es "filicidio" que según los misóginos estudios de Resnick (1969) de 131 casos documentados desde 1751 hasta 1967, 88 eran maternos y 43 paternos. Para McKee & Egan, 2013, en "A case series of twenty one maternal filicides in the UK", son crímenes cometidos mayoritariamente por las mujeres.

En la misma línea de la justificación escriben en el 2018 los medios de comunicación en España. "Pacería un buen hombre", "Jamás presenciamos nada" "Era amable y educado" son los titulares que encabezan las noticias que hacen referencia a "esos casos aislados" de varones que asesinan a sus hijos y que "nadie entiende" o, lo que es peor, justifican como antecedente la situación económica, personal, el intenso sufrimiento e incluso la generosidad de querer evitar a su prole una vida desdichada, le llaman "filicidio altruista".

También están los casos de "filicidio agudamente psicótico" y en ellos se engloban aquellos que se dan en situaciones delirantes, estados epilépticos o psicóticos o trastornos mentales.

Para los que concurren con abuso de autoridad y poder nos encontramos con el "Filicidio accidental", pues se supone que sin intencionalidad y en un "mal" arranque de violencia para dar disciplina al menor y educarlo, produciéndole la lesión o la muerte.

En última instancia y para hablar del "filicidio por venganza" es curioso que se remita al "Síndrome de Medea", para de nuevo culpabilizar a la mujer e invisibilizar los asesinatos de padres varones.

En España, el 25 de septiembre de 2018, en Castellón, mataron a las dos hijas de Itziar, Nerea de 6 años y Martina de 3, ambas fueron "presuntamente", apuñaladas por su padre tras la mujer haber denunciado en varias ocasiones que Ricardo C. G., padre biológico de ambas, que la había amenazado con frases como «Ya te puedes ir despidiendo de las niñas», «Me voy a cargar lo que más quieres» o «Te vas a quedar sola. De aquí yo voy a acabar en la cárcel y todos muertos». Itziar, psicóloga y experta en mediación familiar y trabajando en la fundación "Diagrama" había decidido separarse de Ricardo, un antiguo operario de una fábrica de azulejos y, en el momento del crimen, en el paro. Itziar, sabiendo la situación de riesgo en que estaban sus hijas solicitó la suspensión del régimen de visitas. A Itziar le archivaron las demandas. La madre de Nerea y Martina, era una molestia para un machista hijo del patriarcado. Con formación universitaria, independiente laboral y económicamente, solo podía ser sometida arrebatándole a sus hijas. El patriarcado lo consiguió.

El mismo año, Laura Ureta perdió a su hijo Eloy. El cadáver del niño de 6 años se halló junto con el de su padre biológico Pere A.C. en un barranco en la localidad francesa de Cerbère. Vivían en una situación de custodia compartida. Laura, con formación universitaria e independiente económicamente, trabaja en el Instituto Catalán de Salud. Otra mujer que le había plantado cara al sometimiento y al patriarcado.

En marzo de 2018 a Raquel M.M., profesora de idiomas y residente en Getafe, "presuntamente" José Antonio Gálvez asesinó a sus hijos Alejandro de 13 años y Marina de 8. Raquel trabajaba en una academia, José Antonio estaba en el paro, la relación entre ellos era conflictiva. El padre ahogó al hijo y la hija en una bañera, después depositó los cadáveres sobre una cama y les prendió fuego. Una de sus alegaciones fue "Yo iré al infierno y mis hijos al cielo".

En Alzira, en 2017, mientras Victorita iba a trabajar, el padre biológico de su hija de 2 años la degolló con un cuchillo.

Sin parpadear y con semblante escalofriante, en 2017 y tras casi 2 años en prisión David Oubel fue el primer español condenado a una pena de prisión permanente revisable tras haber suministrado fármacos para adormecer y después degollar con una radial y un cuchillo de cocina a sus hijas biológicas Amaia y Candela, de 4 y 9 años en 2015. Rocio Viétez la madre, filóloga, decidió divorciarse de David. Este es el precio que pagó, la pérdida de sus hijas.

En Carabanchel en 2014 Jorge Diego Canepa, separado de Verónica G.C.C., también en el régimen de visitas, degolló al bebé de ambos de 19 meses y asestó 5 puñaladas al de 5 años, no sin antes advertir a la madre "No vas a volver a ver a los niños". Ese mismo año, en Asturias, José Ignacio Bilbao con una barra de hierro envuelta en papel de regalo golpeó a Amets de 9 años y Sara de 7 hasta matarlas. Su madre Bárbara García, pese a su miedo, había sido obligada a entregarlas para que el asesino ejerciera su derecho de visitas.

En Málaga, en 2013, Miguel Ángel conocido como el parricida de la Luz fue a visitar a su expareja y la aprovechó para asfixiarla a ella y al hijo de ambos, Gabriel de 5 años.

Si estos casos conmovieron a nuestra sociedad, igual de espeluznante fue, en 2011, el asesinato de Ruth y José a manos de su padre José Bretón que, separado de la madre que los engendró la veterinaria Ruth Ortiz, ejerciendo su derecho a visitas les dio fuertes dosis de fármacos para posteriormente quemarlos en una pila funeraria preparada por él. Tras años de malos tratos y vejaciones Ruth abandonó a Bretón. Solo podía dañarla, como en los otros casos, con sus hijos.

En España se producen 300 sustracciones de menores al año. Entre 2013 a 2017 han sido asesinados 21 menores y, siendo evidentemente casos de machismo vengativo, los medios de comunicación osan a justificarlo con trastornos, episodios y "malas rachas" desviando la atención sobre la realidad y que no es otra que la intención de control del hombre sobre la mujer, un control que tiene su raíz en el patriarcado y que si no se puede ejercer directamente se hace a través de los y las hijas.

Como en la violencia de género, el asesinato infantil en las situaciones de separación y divorcio es la punta del iceberg. Las mujeres viven envueltas en el maltrato habiendo sido educadas en el mito del amor romántico,la aplicación judicial del inexistente síndrome de alineación parental u otra tortura maquiavélica inventada por la cultura patriarcal para justificar a maltratadores y pederastas y poner la carga de la prueba sobre la mujer.

Es absolutamente natural que la mujer que ha sido víctima de malos tratos evite que sus hijos e hijas sufran lo mismo y es, exactamente igual de antinatural que las instituciones cuestionen ésta reacción, torturen a los menores haciéndoles pasar por todo tipo de periciales, judicialicen sus vidas, les obliguen a tener relación con padres maltratadores y pongan a disposición de ellos todo tipo de recursos (puntos de encuentro familiar, sesiones de mediación, etc.) con el repugnante fin de que los niños y las niñas interioricen los malos tratos y la agresión como algo natural. Mujeres, niños y niñas revictimizados por un sistema que, lejos de ampararlos y darles protección, les acusa. A ellas se las tilda de ser madres maliciosas, a los menores de mentirosos y caprichosos, a ellos de ser "pobres padres que necesitan estar con sus hijos". Es la repugnante idea de que un maltratador puede ser un buen padre. Es la androcéntrica idea de que el varón es el centro del mundo y todo ha de girar en torno a él.

Mientras el movimiento feminista lucha por la liberación de la mujer (hemos visto ejemplos de mujeres formadas, libres, independientes a la par que víctimas de violencia de género que rompen la relación), demasiados varones continúan con la idea primigenia de la posesión y, ante la ruptura, matan al hijo para vengarse de ellas. Solicitan regímenes de visita para seguir torturándolas, para no pasar pensiones alimenticias, para seguir ejerciendo el control, para demostrar que, haga lo que haga el macho tiene privilegios y la mujer deber de obedecer, para demostrar que la manada existe y alimentar su ego y narcisismo.

Cada año en España hay alrededor de 150.000 denuncias por violencia de género, y cada año cerca de 300 casos de sustracción de menores. ¿No es natural que ante las medidas de los jueces y juezas de obligar a las madres a entregar a los padres maltratadores ellas desobedezcan judicialmente? ¿No es natural que eviten una situación de riesgo? ¿No es comprensible que deseen para sus hijos e hijas una infancia feliz y alejada de la violencia y el sufrimiento?

El sentido común nos dice que está plenamente justificado. Pero, como en la representación de Goya, el sistema judicial sitúa a los menores en una situación de riesgo permitiendo que varones maltratadores en regímenes de visita concedidos, degüellen, apuñalen, asfixien, atiborren a fármacos, quemen o golpeen a sus hijos e hijas hasta asesinarlos, sin pensar en los hijos e hijas, solo en vengarse de la mujer.

Aunque Francisco de Goya pintó para su casa "La Quinta del Sordo", la leyenda de Saturno se apartó del mito quizá y como en otras de sus pinturas adelantándose en el tiempo. Goya, en una escena extraordinariamente contrastada, mediante el encuadre escogido y la iluminación de claroscuro nos propone al Dios con las piernas sumidas hasta las rodillas en el lodo que lo inmoviliza. En un gesto terrorífico, dramatizado con colores blancos y negros, salpicados por el rojo de la sangre Saturno, con los ojos desorbitados, abre sus fauces para seguir con la mutilación del pequeño cuerpo que agarra fuertemente con sus poderosas manos, ya decapitado y engullendo su brazo. A diferencia de otros artistas, al niño pequeño, Goya, lo sustituye por una mujer de sinuosas caderas, estrecha espalda y piernas definidas, pero menuda, del tamaño de una muñeca, a la que igualmente devora con brutalidad, exactamente igual que el poder judicial en nuestro país hace con mujeres víctimas de violencia de género que, con el pretexto de utilizar a los y las hijas y ponerlos a disposición de sus maltratadores, la sume en una interminable doble victimización cuyo escalofriante final es el filicidio consentido y amparado por estos poderes y encubierto por los medios de comunicación. Metafóricamente y 200 años atrás Goya inspirándose en ésta leyenda pudo hacer una alegoría del patriarca poder judicial que devora a la mujer.

El feminismo en la obra de Fernando Botero

Fernando Botero "Mujer de circo". 2008. Museo de Antioquía.

En octubre de 2018, el artista colombiano Fernando Botero presentaba "Las mujeres de Botero", una obra en la que se recaban las imágenes femeninas por él creadas a lo largo de su trayectoria artística. Un total de 45 dibujos a través de los que quiere rendir un homenaje al feminismo voluptuoso, declarándose "El pintor del volumen, no de las mujeres gordas".

Nacido en Medellín en 1932, el artista colombiano ha residido en México, Italia, Francia y Estados Unidos y su base y fundamento artístico han sido los grandes maestros de la pintura occidental. Su estilo personalísimo ha llevado a hablar de "Boterismo" puesto que ha creado un estilo inconfundible reconocida por el gran público. Sin embargo, la crítica especializada y quienes amamos el arte no debemos juzgar su obra solo por sus específicas figuras sino también por el vuelco que ha dado a temas tradicionales y legendarios del sistema patriarcal dónde la mujer estaba siembre estereotipada, discriminada, enmarcada en un papel de inferioridad, sexualizado y sensiblero. A estas mismas mujeres Botero les ha otorgado protagonismo, fuerza, expresividad y exuberancia, no solo con imágenes volumétricas, sino profundizando en temas variopintos como el amor, las costumbres, el sexo, la vida cotidiana o la violencia. Con temas inspirados en leyendas de la mitología griega y romana o en pretéritas visiones, Botero ha posicionado a la mujer en una situación de igualdad.

Ejemplo de ello es la interpretación que el artista hizo del "Rapto de Europa", cuya leyenda está basada en el Libro II de "Las Metamorfosis" de Ovidio.

Se trata de una abominable historia enmascarada en la seducción y el engaño previo a la violación y que ha sido fuente de inspiración de artistas que interpretaron el mito. Cousin, Tiziano, Veronés, Rubens, Rembrandt, Tiépolo, incluso Goya y Moreau entre otros, realizaron obras en las que Europa era una joven desvalida, semidesnuda y aterrorizada cabalgando a lomos del toro. Aunque cada uno en un estilo diferente, todos los artistas coinciden en representarla cosificando su cuerpo, deleitando al espectador en la crueldad del momento, en sus pechos, su dolor, su incapacidad de impedir el trágico final. Fernando Botero, a diferencia del resto de artistas, desmitifica el mito y nos presenta a una Europa rotunda, magnífica, triunfante sobre el lomo de la bestia. En la visión de Botero, Europa ha ganado y el licántropo se ha sometido, permaneciendo inmovilizado en las aguas mientras ella posa entronizada ante el espectador.

Resulta evidente no solo el uso magistral y vivaz del pincel, la tridimensionalidad y estilo personal sino también la interpretación del mito que augura una violación y al que la mujer vence. Con ésta misma temática el artista realizó tres esculturas en bronce, una de las cuales se encuentra en el aeropuerto Madrid-Barajas en España y las otras dos en Medellín y Chicago.

En ésta misma línea de poder y de interpretación de el valor femenino. Botero realizó la serie "El Circo" en la que plasmó con su retina unas imágenes de mujeres colosales, en pleno movimiento, con mucho color, adiestrando feroces animales y situándose en el poder, sin perder el equilibrio, sobre un hombre. Una visión muy diferente a la que otros pintores habían dado anteriormente del espectáculo circense o de la mujer en el escenario. Recordemos las producciones de Seurat, Renoir, Picasso y otros impresionistas que representaron a frágiles bailarinas o abandonadas cabareteras. La colección se expuso en Medellín, Alemania, España, Inglaterra, Italia, Suiza y Estados Unidos y el artista la realizó inspirándose en un circo popular de México dónde vivió en la década de los 50.

También diferente es la visión que Fernando Botero ofrece de las mujeres en el espacio público. A la mujer, la historia, las costumbres y el patriarcado la han sometido al espacio doméstico, a las tareas de cuidado, de hijos, de dependientes. Siempre asociada a escenas costumbristas, bucólicas, a imágenes santificadas o embrujadas. En el espacio público, históricamente no ha tenido cabida y, si lo ha hecho, ha sido como consorte, plañidera, madre o dama de compañía.

Siempre pasiva, inculta, ignorante, cabizbaja o mística. De forma sorprendente el artista colombiano en sus pinturas y con la misma voluptuosidad visiona a mujeres que se divierten, disfrutan, charlan, fuman o beben sin quedar proscritas al lupanar.

El tema del espejo ha sido otro recurso artístico que muchos artistas han utilizado para mostrar el cuerpo de las mujeres, para exponer su desnudez. Desde Velázquez, y pasando por todas las Venus hasta la actualidad, la mujer ante el espejo ha simbolizado la vanidad y la lujuria, la exhibición ante el cristal que devuelve la imagen al espectador. Cuerpos rosados, aterciopelados y jóvenes, que invitaban a acariciar, se exponen por todas las salas de arte. Son imágenes concupiscentes que se oponen a la simplicidad y sencillez con que aborda Botero el tema, mujeres que sin intencionalidad restan cualquier erotismo al mágico objeto y a sus cuerpos.

Las escenas íntimas de las mujeres también han sido objeto, a través de la historia del arte, de crear obras que deleitasen la visión voyerista. Escenas en las que los cuerpos desnudos y bajo pretextos históricos o cotidianos eran sorprendidos por el universo andrógino. Quehaceres diarios como lavarse, peinarse, vestirse o calzarse se han convertido en escenas que algunos han denominado arte erótico, sexual y, finalmente pornográfico. Ese erotismo reside en la conversión de objeto el cuerpo de la mujer y, el mismo, ha levantado polvaredas que enfrentan la transgresión y el puritanismo. A través del cuerpo desnudo la cultura patriarcal ha construido un ideal y un canon de belleza, que ha sido otro instrumento para someter a la mujer. Como señaló John Berger en su documental "Ways of Seeing", en buena parte del arte europeo, la desnudez de la mujer ha sido representada para el placer de un espectador masculino.

Sin perversión y sin asalto, sorprende como Fernando Botero reproduce escenas íntimas de mujeres. Sus cuerpos no son disciplinados ni sus identidades están clasificadas. Ante ellas no hay necesidad de silenciamiento, ni sentimientos obscenos ni de pudor, no están estereotipadas, ni son bellas ni dejan de serlo, son sencillamente mujeres que no provocan reacciones masculinas ni tampoco femeninas, únicamente complacencia y respeto hacia la dignidad del aseo diario y la grandiosidad de la obra.

Los baños colectivos de mujeres también han sido motivo de inspiración para artistas a lo largo de toda la historia. Bacanales, harenes, escenas de ninfas, diosas y rameras adentrándose en el agua han sigo la justificación para que, en la espesura del bosque, se asomase o escondiese algún personaje masculino provocando en ellas asustarse o taparse al sentirse espiadas en su privacidad. Siendo representaciones mundanas se tornan en dramáticas pues, en el fondo, contienen asaltos sexuales. Botero aborda el tema con una serenidad aplastante. Dos mujeres sosegadas y calmadas en la playa salen del baño, saben de una presencia masculina que ha dejado su ropa a la vera de ellas y, sin asustarse, ni taparse, ni esconderse, disfrutan del momento mientras el hombre, al fondo, disfruta nadando. No hay perversión ni miedo, solo respeto entre los dos sexos.

El tema de la mujer en la ventana también ha sido tratado por muchos artistas que representan a mujeres que, escondidas en su habitación y sin sentirse observadas, miran a través de los cristales la vida que se les va o lanzan sonrisas y provocaciones a quienes pasan. Vermeer, Murillo, Friedrich y Dalí son algunos ejemplos. El marco de la ventana supone la separación del mundo exterior y el interior, el encierro de la mujer frustrada en el espacio que leyendo, cosiendo o mirando acepta su trágico destino. Contrariando a ésta iconografía Botero representa a la mujer que, sin ningún estupor, pretende seguir observando por la misma pese a la mirada de quien la sorprende haciéndolo. Otra mujer inquebrantable ante la sorpresa, relajada, desafiante y hasta divertida por su pasividad.

La imagen de una mujer reclinada sobre un diván o sobre un tálamo también ha sido un recurso utilizado por muchos artistas a lo largo de la historia del arte. Aunque a nuestra mente acuden inmediatamente las majas de Goya, el tema fue tratado desde el paleolítico, impulsado por la cultura clásica y recuperado en el renacimiento y barroco. La Venus de Tiziano, o las majas de Romero de Torres, Muñoz Degrain, Raimundo Madrazo, Joaquin Agrasot, Anglada Camarasa y tantos otros pintores, utilizaron este pretexto para mostrar la frágil visión de la feminidad así como a tratar su cuerpo desnudo y ornado con insinuantes abalorios como objeto sexual. Fernando Botero, como sus predecesores, utiliza esta iconografía pero con un sentido diferente. Sus majas carecen de connotaciones eróticas, no guiñan el ojo al espectador, no les invitan al juego sexual ni pretenden formar parte de sus deseos. Son mujeres recreadas en sí mismas, que disfrutan de sí mismas, del placer de la lectura, del descanso, de la naturaleza, de su soledad, de su desnudez y del espacio que ellas solas llenan sin precisar ni esperar a nadie.

La rivalidad entre mujeres es otro aspecto que las artes plásticas han visibilizado y que es resultado del patriarcado. Mujeres bellas, idealizadas, creadas según los gustos y preferencias del artista y del momento cultural e histórico han sido protagonistas de retratos individuales o escenas de grupo en las que competían por alcanzar el irreal canon de belleza. Botero en su obra nos ofrece espacios sóricos, de mujeres iguales, que trabajan, cooperan, disfrutan en un espacio abierto o cerrado en el que posan alegres y unidas siendo mujeres equivalentes, próximas y consonantes. Sin competir ni rivalizar, sin complacer las miradas, sin pretender ser santas o bellas o heroicas posan en absoluta naturalidad mostrando su feminidad intemporal.

La diferenciación por razón de sexos es una constante tanto en las obras de arte como en los medios de comunicación que, hipersexualizando a las niñas, otorgando al varón una posición de superioridad y poder, generan estereotipos y roles que propician el machismo. En la abundante producción de Fernando Botero comprobamos como desde la infancia niños y niñas son tratadas por igual, incluso sus características físicas prevalecen en el espacio y el tiempo adoptando similares rasgos infantes y adultos.

Pinturas intergeneracionales e intrageneracionales que denotan la equidad de quienes componen una comunidad. En el ámbito familiar sorprenden los retratos de grupo en los que se invierten los roles familiares. En su "familia colombiana" de 1973, es el padre quien permanece sentado con un gato en su regazo mientras las pequeñas alborotan, la madre de pie y hierática corona el vértice superior del cuadro. Asoman a la izquierda unos brazos portando una bandeja con café, brazos sin sexo, sin rol. Una composición muy distante a las producidas durante la toda la historia del arte y en las cuales el pater familias era quien ostentada la postura en pie simbolizando su superioridad. En "Jugadores de cartas II", obra de 1991, fascina como el artista hace partícipe en un juego tan masculinizado como son los naipes, a las mujeres. Mientras ellos esconden sus bazas y trampean para ganar, ellas participan del juego pasando a un segundo plano su desnudo.

La cultura patriarcal ha construido un sistema binario y heteronormativo en el que coexisten dos identidades enfrentadas, la masculina y la femenina. La primera identidad es la fuerte, valerosa, productora, independiente; la segunda, la débil, vulnerable, reproductora, dependiente y ambas generadoras de falta de autonomía y libertades.

En 1981 la psicóloga norteamericana Sandra Bem en "Teoría del esquema de género" propuso la independencia de ambos constructos en contra a la tradicional idea de considerarlos extremos opuestos, además introdujo el concepto de androginia para definir a los individuos liberados de los mandatos de género y que combinaban ambas identidades. Sin renunciar a la identidad Fernando Botero en su obra sitúa al hombre y la mujer en un plano de igualdad que aborda tanto reinterpretando leyendas como la de Adán y Eva como una escena de paseo, un baile, un saludo o un espectáculo circense. Los hombres y mujeres de Botero ocupan el mismo espacio, tienen el mismo protagonismo, la misma volumetría y corporalidad. En reposo o en movimiento ostentan la misma relación con el espacio y los objetos, los mismos sentimientos y emociones. Comparten un mundo interno, un estado anímico que exteriorizan en cada actividad que disfrutan enérgicamente y en igualdad. Huelga hablar de empoderamiento, puesto que en las obras hombres y mujeres son poderosos.

Hasta la fecha la obra de Fernando Botero se ha considerado maestra, inconfundible por su estilo único y el volumen de sus figuras que, peyorativamente, algunos y algunas han etiquetado de "gordas" por ser redondas e hinchadas como globos. Bajo mi punto de vista la grandeza de su obra reside en su juego de proporciones, en su revisión de la historia, su paleta alegre y colorida que motiva al espectador, en su perspectiva aplastada, su dibujo impecable, en el tamaño de su producción y, especialmente, en la grandeza que da a la mujer a quien otorga un tratamiento inusual dentro de la historia del arte y de forma esencial en el feminismo y la igualdad. Mujeres brillantes, magnificas y colosales son las mujeres de Botero.

Susana y los viejos, entre el voyerismo y el exhibicionismo.

Jacopo Comin "Tintoretto". "Susana y los viejos". Óleo sobre lienzo. 147 × 194 cm. 1560-1565. Museo de Historia del Arte de Viena.

Históricamente está normalizado el acoso verbal y físico en las calles: miradas, silbidos, palabras obscenas y manoseos en centros públicos. Es lo que tenemos que soportar las mujeres diariamente y, por si fuera poco, para justificar estos depravados actos machistas se nos acusa de exhibicionistas. Una vez más la culpabilidad en la mujer.

La cultura voyerista es la de la cosificación del cuerpo de la mujer, la de la puesta en el escaparate para el deleite del macho que ha normalizado su estatus de superioridad ya que la cultura y la sociedad se lo han permitido utilizando nuestras imágenes estereotipadas como baratija de mercado.

Los medios de comunicación actuales no han inventado nada, se han retroalimentado de imágenes que forman parte de la cultura desde que comenzó la misma historia. Qué una mujer hipersexualizada, fatal, semidesnuda y con mirada de pantera se utilice para vender un perfume es tan normal como que una de 1,60 y anchas caderas venda artículos de limpieza. Dos productos utilizados por ambas pero asociados a un diferente estereotipo de mujer.

La iconografía de la mujer creada para la mirada voyerista nace, entre otras, con la leyenda bíblica de "Susana y los Viejos", que se relata en el libro de Daniel 13, 8-22. Susana era una bella mujer judía que, mientras se bañaba, fue sorprendida por dos jueces ancianos que, cegados por la pasión, le hicieron la proposición de tener unas relaciones sexuales que ella rechazó. Ella, que estaba casada con Joaquín, un rico judío en ese momento exiliado, tras recibir varias amenazas por los dos viejos, la difamaron y acusaron de adulterio, solicitando para ella ante la ley, la muerte. En el momento del juicio y ante la Asamblea apareció el joven Daniel que les pudo convencer del falso testimonio de estos abusadores de modo que quedó absuelta. La historia de Susana encierra una violación aunque no consumada físicamente, ejecutada ante la sociedad, castigada, acosada y calumniada por no satisfacer los deseos de unos pervertidos.

La historia de Susana es una de las escenas bíblicas mas representadas en las producciones pictóricas, especialmente en el renacimiento y el barroco, creando una iconografía que se ha repetido en la pintura contemporánea y que pervive en los anuncios de los medios de comunicación actuales. La escena permitía no solo narrar una leyenda con un mensaje moralizante sino desmoralizarlo representándola a ella, desnuda, provocadora, exhibicionista y culpabilizándola, por su belleza, de los actos de los dos viejos. Una escena que la moral cristiana siempre ha aceptado, lo que ha permitido a los artistas experimentar y mostrar el cuerpo femenino.

Tintoretto y Goltzius interpretaron el relato situando a una lozana Susana no solo objeto de deseo de los dos maléficos, sino también para el deleite voyerista que la observa en el Museo del Prado o en el Holandés Museo "Frans Hals". En ambos casos no se juzga la inmoralidad de los jueces sino que se expone el cuerpo desnudo de la mujer convirtiéndola a ella en la protagonista culpable que exhibe su cuerpo.

La más estudiada representación desde el feminismo de la leyenda es la ejecutada por Artemisia Gentileschi, por ser mujer, por ser víctima de violación y por ser artista en la androcéntrica cultura del siglo XVII. La pintora caravaggista afrontó el relato con una nueva visión, más humana, realista y próxima a la leyenda y en la que, pese al cuerpo desnudo de la joven, hay un mensaje virtuoso, un tratamiento no convencional dónde se apunta la intimidad violada de ella, el acoso e intimidación de los viejos. Dónde ellos aparecen amenazantes y ella intimidada.

Otra excepción al tratamiento voyerista es la del pintor español José de Ribera, cuya obra ejecutada en 1615 se expone en la Real Academia de Bellas Artes de San Fernando.

Sin embargo, estas son excepciones ya que la hostigación y el asedio que sufrió Susana, los artistas lo han obviado para sustituirlo por el deseo hacia un cuerpo joven y desnudo que, de nuevo y sin pretenderlo, es el protagonista de las obras.

Rubens, Rembrandt, Sebastiano Ricci, Franz von Stuck eclipsaron la dramática historia de Susana y sustituyeron la imagen de una víctima de agresiones sexuales por una Venus cuya belleza atraía las miradas masculinas, incitando a la perversión del voyerismo.

En 1890 y con Lovis Corinth el relato bíblico pasa a ser la escena cotidiana de la mujer que sale del baño, descontextualizándolo de su historia y ocultando la sombra de los viejos tras una cortina con la que se confunden. A medida que avanza el tiempo se olvida la historia y surge la búsqueda de la provocación.

Paul Sésurier la convierte en una alegre tahitiana y Emile Nolde en una promiscua insaciable de irrefrenable pasión. Picasso, en 1955, con una paleta llena de color y contrastes cromáticos, en una visión personalísima, se sitúa en las antípodas de la historia. Susana, sin pudor ni vergüenza descansa plácidamente en un diván, con los pezones erectos y, quizá, disfrutando de las miradas de los viejos. Todo un disfrute para quien visite la Fundación Almine y Bernard Ruiz-Picasso para el Arte en Bruselas. Picasso convirtió a Susana, la víctima, en una alegre promiscua.

Comprobamos pues como en un relato histórico escalofriante y terrorífico se ha invertido el mensaje dependiendo de los gustos, modas o preferencias de sus creadores.

Hablamos de micromachismos, de acoso callejero, de violencia, de agresiones físicas y verbales, pero parece que estos aberrantes actos son exclusividad de una minoría masculina sin formación, de bares y peones, de pandilleros y viejos verdes, de barras y obras. Sin embargo ese miserable cretinismo machista está patente en todas las instituciones, aunque con más diplomacia y bajo la excusa de la culturalización.

Que las mujeres han sido fuente de inspiración es un hecho, que han sido las pasivas ideadas, también, que el arte es sublime creación, por supuesto, y que tenemos que revisarlo con perspectiva de género, también.

Las instituciones museísticas son actualmente templos pasivos del saber que bien podrían convertirse en agentes activos en la socialización y formación. En ningún modo pueden hacerlo exponiendo únicamente obras realizadas por artistas masculinos, ni tampoco exhibiendo obras que lejos del espíritu crítico y la formación en igualdad contribuyen a potenciar el voyerismo mostrándonos a las mujeres exclusivamente como Venus, desnudas, exhibicionistas o provocadoras y omitiendo los mensajes inherentes en las obras.

Las obras de arte son la reproducción plástica de la realidad de las mujeres, de la visión del artista, de su momento cultural, de su ideología y sentir y en ningún modo podremos comprenderlas descontextualizándolas pues hacerlo solo aviva la obscenidad y la agresión sexual.

Es momento de revisión, de búsqueda de nuevos planteamientos y hay que hacerlo desde el punto de partida de la consecución de la igualdad efectiva entre hombres y mujeres.

La historia de Susana, es la historia de las mujeres que, víctimas de agresiones sexuales y abusos, pasan de ser víctimas a ser culpables en la sociedad patriarcal. Jamás nuestra intimidad, forma de vestir o actuar puede justificar o atenuar el delito del agresor ni mucho menos invertir en ella la carga de la prueba.

Un tanga, una amable sonrisa, un pantalón ajustado o una falda corta son pruebas aportadas por la misoginia institucional para alentar a callados violadores a actuar impunemente.

La mirada feminista hacia las obras de arte es absolutamente necesaria para comprender como, en base a mitos y leyendas, se ha construido la sociedad que vivimos. Un imaginario colectivo que sitúa a las féminas entre el exhibicionismo y la maldad cuando la realidad es que el voyerismo y la agresión se han normalizado.

Las colecciones pictóricas y museos necesariamente deben utilizar sus fondos para la prevención y sensibilización contra las violencias machistas. Las exposiciones, con talante feminista, no pueden conformarse con visibilizar las aportaciones culturales de las mujeres, rescatar sus nombres o desempolvar sus obras. Deben y pueden utilizar las creaciones masculinas para desenmascarar el universo machista, la concepción de la mujer, el constructo creado y, desde el espíritu crítico, deconstruir nuevos horizontes para mujeres y hombres.

La gran obra o el gran maestro no debe serlo únicamente por su técnica, valor económico o singularidad histórica, también por su contribución a la mejora de la sociedad. Evolucionar desde ser templos pasivos del saber a ser agentes activos en la socialización depende únicamente de la voluntariedad y buen talante de las instituciones museísticas.

La primera ola feminista en la obra de Jacques Louis David.

Jacques Louis David "Rapto de las Sabinas". Óleo sobre lienzo. 385×522 cm. 1799. Museo del Louvre (París).

En Francia, en 1799, Jacques Louis David, en un estilo neoclasicista francés realizó la que, además de ser una de sus obras maestras, más popularizó la leyenda del "Rapto de las Sabinas".

Se trata de un óleo sobre lienzo de magníficas dimensiones (385×522 cm.) que se conserva en el Museo del Louvre de París. Su obra realista y bien organizada nos invita a conocer su versión sobre el día que los hombres Sabinos entraron en Roma con la intención de recuperar a las mujeres que los romanos habían secuestrado.

El historiador romano del S. I Tito Livio, en su obra "Ab urbe conditia, I", narra:

"Como el pueblo romano creciera y no tenían esposas, los habitantes en efecto eran pastores. Enviaron embajadores a los países vecinos para pedir alianza, pero los pueblos vecinos no escucharon a la embajada.
Entonces, Rómulo preparó los juegos e invitó a los jóvenes a que viesen los espectáculos. Muchos vecinos acudieron al Palacio, la mayoría eran Sabinas con sus hijas y mujeres. Cuando el tiempo del espectáculo se acercó, Rómulo ordenó raptar a las muchachas y a las mujeres Sabinas. Las jóvenes romanas corren por todas partes. Esta fue la causa de la guerra entre los romanos y los sabinos.
La batalla fue feroz / encarnizada y mortal.
Entonces / En aquel momento llenas de lágrimas, las muchachas sabinas se introducen en medio de la batalla y gritan en voz alta:
«No queremos morir, no queremos vivir viudas.»
Rómulo y Tito Tacio, el líder de los Sabines, hicieron las paces y se aliaron".

El rapto de las Sabinas es pues una leyenda que describe el rapto de mujeres de la tribu de Los Sabinos por los fundadores de Roma. En los primeros tiempos de Roma, y según la historia, había pocas mujeres, por ello Rómulo (su fundador y primer rey) organizó en la ciudad unas pruebas deportivas e invitó a los pueblos vecinos, con la intención de raptar a sus mujeres. Al comenzar los juegos, procedieron los soldados romanos a cumplir las órdenes de su Rey raptando a las mujeres Sabinas y expulsando de la ciudad a los hombres.

Secuestradas, ultrajadas y violadas se vieron obligadas a contraer matrimonio con los soldados romanos. De entre ellas Rómulo eligió a Hersilia, hija de Tito Tacio, rey de Sabinia.

Años más tarde los hombres Sabinos, que no habían olvidado el doble ultraje, atacaron a los romanos con el propósito de recuperar a sus mujeres. En estos años ellas habían sido madres y tenían hijos e hijas de hombres romanos, por ello, y en medio de la batalla, se interpusieron entre ambos bandos rogando que cesaran ya que en la contienda ellas iban a perder padres, hermanos, hijos y esposos.

Romanos y Sabinos entraron en razón y, para festejar la reconciliación, celebraron un banquete. Tito Tacio, Rey de Sabinia y Rómulo, formaron una diarquía hasta la muerte del primero.

La leyenda de este rapto fue interpretada en 1637 por el clasicista francés Nicolás Poussin, en un lienzo de gran formato (154,6×209,9cm.) que se expone en Museo del Louvre de París y que realizó para el Cardenal Luigi Omodei; a mediados del S. XVII inspiró al pintor barroco italiano Giovanni Francesco Romanelli; en 1874 al impresionista español Francisco Pradilla y en 1963 a Ruiz Picasso en un lienzo de grandes dimensiones (162×147 cm.) que se expone en Fondation Beyeler de Basilea, entre otros.

En todas estas obras las mujeres Sabinas aparecen débiles, vulnerables, aterradas, víctimas de la brutal aberración. La obra del neoclasicista francés, por sus ideales políticos, se nos revela con un mensaje diferente.

David fue un activo participante en la Revolución francesa, primero cercano a Robespierre y, a su caída, a Napoleón Bonaparte. Fue considerado el pintor de la Revolución. Las ideas esenciales de la Ilustración impregnaron su vida y su obra condensa las ideas de "la razón como único medio para conseguir la verdad, el progreso para alcanzar la felicidad" (Voltaire), "la naturaleza como origen de todo lo genuino, verdadero y auténtico" (Rosseau) y "la felicidad como un derecho intrínseco a la persona". La política, pues, debía ser el arte de hacer felices a los pueblos.

En este movimiento Ilustrado tuvo lugar la Primera Ola Feminista con sus ideas revolucionarias sobre el papel de la mujer en la sociedad y su papel de ciudadanas. La filósofa francesa Olympe de Gouges, en 1791 tras una vida activista y abolicionista y dos años antes de morir en la guillotina publicó la "Declaración de los Derechos de la Mujer y la Ciudadana" defendiendo la igualdad entre el hombre y la mujer en todos los aspectos de la vida pública y privada, incluyendo la igualdad con el hombre en el derecho a voto, en el acceso al trabajo, a hablar en público de temas políticos, a acceder a la vida política, a poseer y controlar propiedades, a formar parte del ejército; incluso a la igualdad fiscal así como el derecho a la educación y a la igualdad de poder en el ámbito familiar y eclesiástico. Sus revolucionarias propuestas se resumen en las siguientes:

I – La mujer nace libre y permanece igual al hombre en derechos. Las distinciones sociales sólo pueden estar fundadas en la utilidad común.

II – El objetivo de toda asociación política es la conservación de los derechos naturales e imprescriptibles de la Mujer y del Hombre; estos derechos son la libertad, la propiedad, la seguridad y, sobre todo, la resistencia a la opresión.

III – El principio de toda soberanía reside esencialmente en la Nación que no es más que la reunión de la Mujer y el Hombre: ningún cuerpo, ningún individuo, puede ejercer autoridad que no emane de ellos.

IV – La libertad y la justicia consisten en devolver todo lo que pertenece a los otros; así, el ejercicio de los derechos naturales de la mujer sólo tiene por límites la tiranía perpetua que el hombre le opone; estos límites deben ser corregidos por las leyes de la naturaleza y de la razón.

V – Las leyes de la naturaleza y de la razón prohíben todas las acciones perjudiciales para la Sociedad: todo lo que no esté prohibido por estas leyes, prudentes y divinas, no puede ser impedido y nadie puede ser obligado a hacer lo que ellas no ordenan.

VI – La ley debe ser la expresión de la voluntad general; todas las Ciudadanas y Ciudadanos deben participar en su formación personalmente o por medio de sus representantes. Debe ser la misma para todos; todas las ciudadanas y todos los ciudadanos, por ser iguales a sus ojos, deben ser igualmente admisibles a todas las dignidades, puestos y empleos públicos, según sus capacidades y sin más distinción que la de sus virtudes y sus talentos.

VII – Ninguna mujer se halla eximida de ser acusada, detenida y encarcelada en los casos determinados por la Ley. Las mujeres obedecen como los hombres a esta Ley rigurosa.

VIII – La Ley sólo debe establecer penas estrictas y evidentemente necesarias y nadie puede ser castigado más que en virtud de una Ley *establecida y promulgada anteriormente al delito y legalmente aplicada a las mujeres.*

IX – Sobre toda mujer que haya sido declarada culpable caerá todo el rigor de la Ley.

X – Nadie debe ser molestado por sus opiniones incluso fundamentales; si la mujer tiene el derecho de subir al cadalso, debe tener también igualmente el de subir a la Tribuna con tal que sus manifestaciones no alteren el orden público establecido por la Ley.

XI – La libre comunicación de los pensamientos y de las opiniones es uno de los derechos más preciosos de la mujer, puesto que esta libertad asegura la legitimidad de los padres con relación a los hijos. Toda ciudadana puede, pues, decir libremente, soy madre de un hijo que os pertenece, sin que un prejuicio bárbaro la fuerce a disimular la verdad; con la salvedad de responder por el abuso de esta libertad en los casos determinados por la Ley.

XII – La garantía de los derechos de la mujer y de la ciudadana implica una utilidad mayor; esta garantía debe ser instituida para ventaja de todos y no para utilidad particular de aquellas a quienes es confiada.

XIII – Para el mantenimiento de la fuerza pública y para los gastos de administración, las contribuciones de la mujer y del hombre son las mismas; ella participa en todas las prestaciones personales, en todas las tareas penosas, por lo tanto, debe participar en la distribución de los puestos, empleos, cargos, dignidades y otras actividades.

XIV – Las Ciudadanas y Ciudadanos tienen el derecho de comprobar, por sí mismos o por medio de sus representantes, la necesidad de la contribución pública. Las Ciudadanas únicamente pueden aprobarla si se admite un reparto igual, no sólo en la fortuna sino también en la administración pública, y si determinan la cuota, la base tributaria, la recaudación y la duración del impuesto.

XV – La masa de las mujeres, agrupada con la de los hombres para la contribución, tiene el derecho de pedir cuentas de su administración a todo agente público.

XVI – Toda sociedad en la que la garantía de los derechos no esté asegurada, ni la separación de los poderes determinada, no tiene constitución; la constitución es nula si la mayoría de los individuos que componen la Nación no ha cooperado en su redacción.

XVII – Las propiedades pertenecen a todos los sexos reunidos o separados; son, para cada uno, un derecho inviolable y sagrado; nadie puede ser privado de ella como verdadero patrimonio de la naturaleza a no ser que la necesidad pública, legalmente constatada, lo exija de manera evidente y bajo la condición de una justa y previa indemnización.

En Inglaterra, en 1792, Mary Wollstonecraft publicó sus "Vindicaciones de los derechos de la mujer", centrando su reflexión en la igualdad de la inteligencia y el derecho a la educación.

Jacques-Louis David ha sido reconocido como el artista de la revolución por, inspirándose en modelos y leyendas grecorromanas de gran austeridad y severidad, darles un valor moralizante que cuadraba con las de la Ilustración.

Sin embargo y teniendo en cuenta su coexistencia con los primeros ideales feministas, observando su obra, se puede presuponer la influencia que sobre él ejercieron. La imagen tratada por otros pintores anteriores de las mujeres Sabinas cobra un giro radical en la obra de David. El artista opta por elegir el momento en que los hombres Sabinos van por segunda vez a Roma a recuperar a sus mujeres, en vez de el momento del rapto, como hicieron sus predecesores.

La protagonista de su cuadro es una mujer victoriosa, triunfal, decidida. Su imagen no está cosificada, no es vulnerable, ni débil, ni precisa enseñar sus pechos para captar la atención. Es una mujer que, enérgicamente y sin perder su femineidad, se sitúa entre los dos bandos imponiéndoles con su gesto cese en la lucha.

Aparentemente la composición parece abigarrada, caótica, con una tremenda multitud, sin embargo esta es una ilusión óptica que consigue el artista a través de la multitud de lanzas que se dibujan en el fondo. En realidad no son demasiados los personajes. En el margen derecho y próximo a la ciudad de Roma aparecen los soldados romanos, de ellos sobresale uno, que pudiera ser Rómulo capitaneando a sus tropas. En el izquierdo los Sabinos, en más cantidad. En esta ocasión son los cuerpos broncíneos, jóvenes y desnudos masculinos los que tienen una carga erótica, Mientras que las mujeres posan con total dignidad. Especial mención merece la mujer del centro, Hersilia, esposa a la fuerza de Rómulo e hija de Tito Tacio, vestida de blanco y con una postura en aspa frenando a ambos bandos. A sus pies, mujeres que protegen a sus hijos e hijas, niños y niñas producto de la violaciones y atrocidades que sufrieron las mujeres Sabinas que ahora impiden la guerra para protegerlos y protegerlas.

La obra de David revela que Romanos y Sabinos emprendieron sendas batallas únicamente por el sentimiento patriarcal de posesión de la mujer como una propiedad y objeto reproductor. Unos y otros únicamente pensaron en competir, ganar y llevarse como triunfo a las mujeres sin importarles el daño, menoscabo y consecuencias de los terribles actos. Siempre, y en tiempos de guerra las más vulnerables son las mujeres, especialmente las niñas y adolescentes que, sin piedad ni sensibilidad son, implacablemente, violadas y embarazadas.

Además del daño de imposible reparación por la violación, la sociedad estigmatiza y discrimina a la mujer culpándola y también al hijo o la hija producto de la aberración. Muchas son expulsadas de sus casas, familias y comunidades y el sistema judicial y social falla y no da respuesta a estos casos. Generalmente la situación lleva a estas mujeres a una extrema pobreza y a una condena al ostracismo. Paradójicamente ellas, como se observa en la obra de David, en vez de culparlos, repudiarlos, o abandonarlos, les aman, justifican y protegen.

Tradicionalmente la obra de David se ha interpretado como una representación histórica que, inspirándose en un suceso de la Roma Clásica, aprovecha para plantear en la Francia Revolucionaria la necesidad de una reconciliación del pueblo francés tras la luchas de ésta época. Bajo una perspectiva feminista, la obra sería un decálogo reivindicativo de los derechos de la mujer, la presentación de la nueva mujer contemporánea.

El rapto de Europa, empoderamiento de mujeres y política actual.

Gustave Moreau "El rapto de Europa". Acuarela. 1869. Wadswort Atheneum Museum, Hardford, Connecticut, EEUU.

Según cuenta la leyenda narrada por Ovidio en el libro II de *"Las metamorfosis"*, Europa era una joven hermosa hija del rey de Tiro. Cuando Zeus la divisó desde el Olimpo quedó prendado de ella. Al no saber cómo acercarse a la muchacha se mezcló entre las reses que tenía su padre transformándose en un toro blanco que fue a rendirse a los pies de la doncella y al que

Europa acarició hasta terminar subiendo a su manso lomo. Zeus, que esperaba ésta acción, inmediatamente se levantó y partió hacia el mar. Víctima del engaño Europa gritaba y se aferraba a los curvados cuernos para no caer, mientras la bestia se adentraba en las olas y se alejaba de la tierra hasta llegar a Creta dónde la retuvo el resto de su vida. Mientras los hermanos y la madre de Europa, desesperados, la buscaron sin hallarla. En Creta Zeus le reveló su identidad y la poseyó. De las incesantes violaciones Europa tuvo tres hijos: Minos, Ramadantis y Sarpedón.

Textualmente, cuenta el poeta:

*"Y poco a poco, el miedo quitado, ora sus pechos le presta para que con su virgínea mano lo palpe, ora los cuernos, para que guirnaldas
los impidan nuevas. Se atrevió también la regia virgen, ignorante de a quién montaba, en la espalda sentarse del toro: cuando el dios, de la tierra y del seco litoral, insensiblemente, las falsas plantas de sus pies a lo primero pone en las ondas; de allí se va más lejos, y por las superficies de mitad del ponto e lleva su botín. Se asusta ella y, arrancada a su litoral abandonado, vuelve a él sus ojos, y con la diestra un cuerno tiene, la otra al dorso impuesta está; trémulas ondulan con la brisa sus ropas."*

Otra abominable historia enmascarada en la seducción y el engaño previo a la violación y que ha sido fuente de inspiración de artistas que han interpretado el mito.

Un mito que ha evolucionado en su representación pictórica desde una mujer aterrorizada secuestrada hasta una mujer empoderada que domina a la bestia. Un mito desde Cousin hasta Botero pasando por grandes maestros de la pintura.

En 1550 Jean Cousin, representante del renacimiento francés, se recreó en la escena que hoy forma parte de una colección particular. El momento elegido es el cruce del rio abandonando el hogar de la muchacha secuestrada, agarrándose ella con firmeza a los cuernos del animal, que porta una corona triunfal en su cuello, mientras observa a unos cupidillos que la acompañan en el viaje a lomos de unos grifos alados. De nuevo estos símbolos del amor enmascaran una traición. La figura de Europa nítida y expresiva viste con un ligero atuendo.

En la Italia renacentista la interpretación de la leyenda es similar. En 1560 Tiziano Vecellio captó el mismo momento de la historia, pero en una versión más dramática y verosímil. Europa, luciendo indumentaria de la época clásica, aunque desgarrada por la lucha de mantenerse montada en el lomo del toro, patalea y grita ante la indiferente mirada de la bestia. En ésta ocasión dos cupidos lanzan flechas desde el cielo pretendiendo convertir esta en una escena de amor y pasión. La obra se encuentra en el Museo Isabella Stewart Gardner de Boston.

El manierista italiano Paolo Veronés, en 1580, realizó una interpretación más intimista del tema y, situando la escena en el momento del engaño, muestra a Zeus con su disfraz captando la atención de Europa que lo acaricia y se sienta en su lomo, aprovechando la bestia para lamer su pie. A la víctima la acompañan sus amigas que, engañadas también, atavían a la joven cegadas por los cupidos que aparecen en la parte superior del lienzo. En la composición, como si de un relato se tratara, aparece al fondo derecho la siguiente secuencia en la que sus familiares la buscan mientras el monstruo desaparece con ella tierra adentro. Esta maravilla manierista se puede contemplar en el Museo Capitolino en Roma.

En su admiración por Tiziano, Peter Paul Rubens realizó una copia de la misma obra aprovechando su estancia en España y que la misma formara parte de la colección real española. La firmada por Rubens en 1628 se encuentra en el Museo del Prado.

El barroco flamenco también representó el tema de la mano de Rembrandt Harmenszoon van Rijn en 1632, que pintó un cuadro de mediano formato (66,2x77cm.) que actualmente se encuentra en el Museo J. Paul Getty en Los Ángeles, Estados Unidos.

A diferencia de las anteriores composiciones Rembrandt descontextualizó la escena de su momento histórico y la planteó como un suceso de mediados del S. XVII, vistiendo a las damas con atuendos y ornamentos de la época. En su cuadro no hay cupidos, ni justificaciones a la atrocidad. La bestia abandona tierra firme con Europa a sus lomos aterrorizada, mientras dos muchachas despavoridas e impotentes presencian el secuestro quedando en el margen del rio.

También el barroco italiano hizo eco de la escena. En 1720 Giambattista Tiepolo represento el secuestro que en la actualidad se expone en la Galleria dell'Academia de Venecia. A diferencia de otras interpretaciones la del italiano propone a Europa con una severa túnica sin ornamentos. Pese al gesto cálido del animal la mujer se mantiene hierática, hermética, presa de la realidad que sobreviene pese a los amorcillos que tratan de dulcificar la escena. Las amigas de Europa, aterrorizadas, parecen saber en medio de la tormenta que se acerca el futuro inmediato de la joven.

En su época juvenil y de formación en Italia, nuestro genio Francisco de Goya, en 1772, también representó la leyenda de la violación de Europa y que hoy forma parte de una colección privada. Se trata de un lienzo de mediano formato (47×68 cm.) en el que lejos de parecer una escena bucólica representa con gran dramatismo el momento en que el toro, esta vez negro y bravo, cabalga veloz raptando a la joven y quedando otras tres jóvenes gritando y alzando sus brazos presas del pánico, a la vez que Europa las mira desconsolada. La imagen está envuelta en un paisaje tenebrista, dónde la gama cromática de terrosos confunden el cielo y la tierra augurando la catástrofe. No hay justificaciones ni elementos ornamentales que impidan pensar en algo diferente al violento rapto de la joven por la bestia.

La carga dramática y verosímil que hemos visto en anteriores obras del mismo tema, desaparece en la acuarela que el simbolista francés Gustave

Moreau realizó en 1869 y que se encuentra en Wadswort Atheneum Museum Hardford en Connecticut, Estados Unidos. En ésta ocasión las actitudes se invierten siendo la bestia la que manifiesta toda su furia y brutalidad mientras la joven sentada en el lomo cabalga desnuda, tapando sus senos con el brazo y con unas telas su sexo, pero sin demostrar otro sentimiento más que pasividad, incluso felicidad puesto que el Cupido que la acompaña pudiera hacerle creer que es un acto de amor.

En un estilo inconfundible, el colombiano Fernando Botero, dentro del estilo figurativo y en la década de los 70 del S.XX, recurrió a sus figuras monumentales y orondas de atractivos volúmenes curvos y formas suavemente redondeadas para narrar la leyenda. En éste caso la voluptuosa, relajada, desnuda y segura Europa se muestra sonriente sentada sobre el lomo de la bestia inmóvil en medio del mar, insinuando el triunfo de ella y la aceptación de la bestia de no poder culminar el plan trazado. Una versión diferente que incita a pensar en la igualdad entre ambos sexos.

En la evolución de este mito legendario podemos adivinar la evolución de la mujer en el panorama político actual que ha pasado en las últimas décadas desde la total invisibilidad hasta alcanzar cierta presencia pública, por supuesto bajo súplicas y peticiones para obtener un papel secundario en algún rincón.

Las mujeres representamos el 52% de la población española y, como máximo logro representativo hemos conseguido en momentos gloriosos tener un ministerio que atendiera nuestros intereses y reivindicaciones. Las grandes agrupaciones políticas han recabado nuestros votos a cambio de poco y, por sus corrupciones y mala gestión estamos próximas a perder una ley que siglos de lucha nos ha costado conseguir: La ley de igualdad.

Al igual que la interpretación pictórica el mito de Europa ha evolucionado en la historia, es hora de que las mujeres tomemos conciencia de nuestra condición y, con sororidad, nos empoderemos en el ámbito público.

Intentar hacernos un hueco entre una política masculina ha servido de poco. Las listas paritarias tampoco han permitido que se rompan los techos de cristal. El mismo panorama tenemos en los cargos de dirección en empresas públicas y privadas.

El problema no solo de cifras. Según ha ido aumentando las cuotas de representación femenina ha ido disminuyendo el tiempo que las mujeres permanecen en sus cargos. El 60 % de las diputadas sólo permanecen una legislatura y de hecho sólo tres mujeres, Ana Balletbó (PSOE), Carmen del Campo Casasús (PSOE) y Celia Villalobos (PP), han permanecido seis legislaturas en el Congreso de Diputados. Esta rotación hace que las mujeres no tengan poder real.

Quizá esto sea uno de los objetivos de la cuarta ola feminista, además de tener representación equitativa en el espacio público y político, feminizarlo y tener un poder real permaneciendo en los cargos de modo que se defiendan de nuestros intereses.

El beso de Klimt y el mito del amor romántico.

Gustav Klimt "El beso". Óleo sobre tela. 180 × 180 cm. 1907-8. Österreichische Galerie Belvedere, Viena, Austria.

El merchandising ha popularizado tanto esta obra y la ha reproducido de tantas formas que, pocas son quienes no ornan su dormitorio, estancia de la casa, despacho o marcan donde dejaron de leer un libro con una estampa, cartel o postal de esta obra de arte. Cautivadas por su color, sinuosas formas o invitación a elucubrar, a todas nos cautiva.

Una obra de gran formato (180×180 cm.) que, para ser reproducida, ha sido truncada en los lados derecho e izquierdo de modo que nos parece rectangular, cuando su configuración original es cuadrada.

Su autor Gustav Klimt, máximo representante del simbolismo austriaco, del movimiento modernista y de la secesión vienesa nació un 9 de diciembre de 1862 en Baumgaten, cerca de Viena y se formó como pintor y decorador de interiores en la Escuela de Artes y Oficios de la capital austriaca. Uno de sus primeros trabajos fue la decoración interior del Gran Teatro de Viena al que siguieron el techo del Aula Magna de la Universidad de la misma ciudad. Los temas a representar eran la filosofía, la medicina y la jurisprudencia. Klimt en un estilo personalísimo y utilizando alegorías, representaciones y un simbolismo poco convencional, a medida que iba adelantando su trabajo, recibía duras críticas que tachaban su obra de pornográfica, abiertamente sexual y provocativa por lo que la Universidad decidió dar por finalizado el proyecto quedando las obras realizadas, guardadas y, el resto, inacabadas. A partir de ese momento el pintor dejó de recibir encargos.

Tachado de pervertido y con mala reputación, decidió no abandonar su arrebatado y enérgico estilo y se trasladó a Italia en 1903. En Florencia, Venecia y Rávena descubrió los mosaicos bizantinos que, desde entonces, inspiraron su arte mezclando pan de oro en sus pinturas al óleo. A su vuelta de Italia y aún en absoluta decadencia, empezó a recibir encargos de retratos, uno de ellos el de Adele Bloch-Bauer, en 1907. Para su deleite personal, ese mismo año, empezó "El beso" que, todavía inacabada fue comprada por el Museo Belvedere por la astronómica cantidad de aproximadamente 200.000 euros, una cifra récord, ya que el precio máximo que hasta entonces se había pagado rondaba los 4000 euros. Aún así, el precio resultó ser una ganga, su anterior obra, el retrato de Adele Bloch-Bauer se subastó en Estados Unidos en 2006 vendiéndose por 100 millones de euros. Actualmente Austria considera esta obra un tesoro nacional.

Ante la obra, sin meditar, encontramos a una mujer y un hombre abrazados, amantes, enamorados en un momento de intimidad, sin embargo los motivos ornamentales y la decoración vegetal, en un diseño llamativo de formas simples contrastadas con espirales, evoca iconográficamente la leyenda de Apolo y Dafne que fue narrada por Ovidio en "Las metamorfosis" y que pertenece a la mitología griega. Es una metáfora e interpretación del mito.

El mito de Apolo y Dafne ha sido interpretado como un enfrentamiento entre la virtud, Dafne, y los deseos sexuales, Apolo. Mientras Apolo perseguía a Dafne lujuriosamente, ella se salvaba a través de la metamorfosis y el confinamiento a un árbol de laurel que, puede considerarse, como un acto de castidad eterna. Dafne se vio forzada a sacrificar su cuerpo y convertirse en árbol de laurel como única escapatoria a las presiones y constantes deseos sexuales de Apolo.

Entre 1622 y 1625, Gian Lorenzo Bernini había esculpido, en mármol, la famosa obra inspirada en esta leyenda. En ella se puede advertir a Apolo alcanzando a Dafne mientras ella intenta escapar. Apolo está coronado con una corona de laurel que presagia la metamorfosis de Dafne en árbol de laurel. Dafne es retratada durante el proceso de transformación, de hecho sus brazos están tomando la forma de ramas mientras huye e implora a su padre que la rescate de Apolo.

Otros artistas como Antonio Pollaiuolo manipularon la mitología griega y la adaptaron a su época. En su pintura, los

personajes visten trajes del renacimiento y Dafne
está retratada en pleno proceso de metamorfosis.
La obra se exhibe en la National Gallery de
Londres.

Apolo, dios de las artes y la música, fue maldecido
por el joven Eros después de que este se burlase
de él por jugar con un arco y unas flechas y lo
tachase de afeminado. Irascible, Eros, tomó dos
flechas, una de oro y la otra de plomo, la de oro
incitaba al amor; la de plomo al odio, y lanzó la
primera contra Apolo, la segunda contra la ninfa
Dafne.

Apolo se llenó de pasión por Dafne y ella, que ya
había rechazado a varios amantes, lo aborreció,
prefiriendo dedicarse a la caza y a jugar por los
bosques, pese a la insistencia de su padre por
casarla y tener descendencia. Pese a las negativas,
Apolo la hostigaba constantemente, la acosaba y
rogaba que estuviera con él. Los dioses ayudaron a
Apolo a alcanzarla. Ella, sintiéndose atrapada,
invocó a su padre quedando convertida su piel en
la corteza de un árbol, saliendo de su cabello
hojas y de sus brazos ramas. Sus pies dejaron de
correr, quedaron enraizados en la tierra, entonces
Apolo la abrazó y la beso prometiéndole que con
sus hojas de laurel se coronarían las cabezas de los
héroes.

Como si de una estampa japonesa se tratara y entremezclando elementos del Art Noveau y de Arts and Crafts, genialmente combinados con reminescencias prehistóricas, clásicas y medievales, Klimt representa a la pareja en el borde de un prado florido. El hombre, en absoluta superioridad, envuelve a la mujer con sus brazos, lleva una túnica con rectángulos en blanco y negro, irregularmente colocados sobre una hoja de oro decorada con espirales que rememoran las decoraciones de la edad del bronce. En la cabeza, una corona de vides que, en tiempos clásicos, se traduciría en símbolo triunfal. La mujer, acurrucada en sus brazos, viste con una tela estampada de flores, ajustada, con motivos circulares y ovalados de colores que se extienden sobre líneas paralelas. Su cabello, ahuecado, está salpicado de florecillas y enmarca de forma artificiosa su rostro. La tez de ella pudiera ser el de su compañera sentimental Emilie Flöge.

La imagen amable que visualizamos en primera instancia se distorsiona desmenuzando el cuadro y comprobando como el beso tiene lugar cuando, sometida y sin escapatoria, Dafne se metamorfosea en árbol, hierática e insensible ya permite que Apolo la posea, saliendo del manto dorado que envuelve las raíces que la anclan a la tierra.

Las discusiones, la exclusividad, los celos, el enamoramiento, la pareja, la convivencia, la unidad, la atracción de polos opuestos e incluso la creencia de que el amor lo puede todo han alimentado históricamente el mito del amor romántico, un mito que, pese al título, se desvanece en esta obra cuyo protagonista es un beso que es forzado y donde se desvela la realidad de una leyenda ficticia, absurda, irracional e imposible de cumplir salvo cuando una mujer se somete y acepta la desigualdad.

Bajo este falso mito se han justificado perdones, desprecios, humillaciones y aceptado abnegaciones que han eternizado relaciones de pareja a la par que, eliminado la libertad de las mujeres que, en el vínculo afectivo han estado condenadas a "aguantar".

Tan deslumbrantes como la obra de Klimt han pretendido serlo novias, esposas y mujeres que, para tener el beneplácito de la sociedad, han renunciado a su individualidad.

Es hora de desechar ideas del tipo «Sin ti no soy nada», «Quien bien te quiere te hará llorar», «Los celos demuestran amor» o «El amor todo lo puede», que solo enriquecen relaciones tóxicas, porque el amor real no duele.

Micromachismos, arte y pintura de género.

Clara Peeters "Bodegón". Óleo sobre tabla. 52 x 73 cm. 1611. Museo del Prado, Madrid.

El debate en torno al género y la igualdad, es un debate insaciable en el que, ahondando, nos encontramos con miles de micromachismos que tenemos interiorizados y aceptados, uno de ellos la denominación de "Pintura de Género".

Para Pilar Blanco Prieto, médica y docente, género es un término específico en ciencias sociales que alude al "conjunto de características diferenciadas que cada sociedad asigna a hombres y mujeres". Según la OMS son "roles socialmente construidos, actividades y atributos que una sociedad considera como apropiados para hombres y mujeres". Resulta pues curioso que en pleno siglo XXI, siga considerándose pintura de género a obras artísticas, especialmente pictóricas de menor valía, paradójicamente por ser sus creadoras iniciales las mujeres. Otro sexismo en el lenguaje y la clasificación misógina.

Hasta el siglo XVIII los artistas fueron considerados artesanos, aunque es cierto que en el Renacimiento, con el humanismo y el cambio de mentalidad, empezaron a despuntar nombres de grandes artistas. El concepto de artista como genio individual, creador y partícipe del mercado del arte, no surge hasta el romanticismo. Así pues, y hasta ese momento, los artistas se veían obligados a formar parte de asociaciones gremiales dónde sus nombres permanecían anónimos bajo en nombre del "Maestro". Se trataba de talleres familiares en los que, además de colaborar aprendices y ayudantes, también lo hacían hijas y esposas. Dichas asociaciones trabajaban por encargos que dictaban el tema, formato, figuras, técnica o pigmentos, quedando repartidos estos menesteres entre quienes formaban parte de la asociación gremial.

A finales del siglo XVII y principios del XVIII surgieron las primeras academias oficiales de arte, terminando con los talleres de arte y proyectando la profesión como actividad intelectual. En las Academias, además de técnica, aprendían anatomía y dibujo anatómico, así pues y considerando que el desnudo no era un campo apropiado para las mujeres y que el modelo masculino podía sentirse "apurado" ante la mirada de las féminas, las mujeres quedaron excluidas y no pudieron formarse en ellas.

A mediados del siglo XIX se crearon algunas academias privadas dónde las mujeres podían aprender a pintar partes del cuerpo humano, rostros, pies, manos y cuyo coste era superior para ellas que para ellos de modo que únicamente podían acudir mujeres de familias acaudaladas. A finales del siglo XIX, consiguieron ser admitidas habiendo perdido la oportunidad de que nombres de mujeres pudieran estar entre los grandes del renacimiento, barroco, realismo, romanticismo, impresionismo y vanguardias entre otros.

Desde la Edad Media y hasta nuestros días, los grandes encargos, concursos, mecenazgos, premios y becas han sido otorgados por instituciones religiosas o civiles, especialmente monárquicas y aristocráticas, y los temas solicitados relacionados con la historia cristiana, antigua, mitológica o acontecimientos del momento vivido. Obras que, de forma narrativa o alegórica, representaban acontecimientos y que contenían un mensaje moral o intelectual.

La pintura de historia se ha considerado tradicionalmente el grand genre, el género más importante tanto por su gran formato como por su contenido. Dioses, héroes, soldados, plañideras, ganadores, vencidos, grotescos, bellos, ninfas, brujas, mártires, mendigos, personas, imposibles de representar en actitudes hieráticas o en movimiento sin conocer su anatomía, vestida o desnuda, pero en acción, en movimiento. Por ello este ámbito artístico fue exclusivo de los artistas masculinos y son sus nombres los que aparecen como los de Grandes Maestros.

Enmarcados en colosales arquitecturas o paisajes, en las obras, se disponen personajes principales en medio de otros secundarios que se confunden en la multitud. Los accesorios y las vestimentas tienen una importancia secundaria, lo relevante es el personaje en particular y el acontecimiento en general y cuya inspiración puede ser un tema literario, religioso, mitológico, simbólico o alegórico en cuyo epicentro está la representación humana.

Excluida del ámbito público y de la oportunidad de formarse, las mujeres pintoras a lo largo de la historia han tenido que conformarse con pintar obras en las que la figura humana estaba ausente o, si lo estaba, con indumentaria y engalanada que enmascarase su desconocimiento de anatomía. Las mujeres artistas han tenido que representar lo que formaba parte del espacio permitido, del doméstico y cercano y pintado paisajes, flores, bodegones, espacios vacios, escenas de la vida cotidiana y, en el mejor de los casos, retratos. Todo este tipo de obras forman parte de lo que conocemos como petit genre o "Pintura de género" y en el que estaba ausente la intelectualidad y presente la cotidianidad.

Pese a su genialidad, técnica y minuciosidad, el arte realizado por las mujeres se cataloga como pequeño, de segunda categoría. Las miniaturas de Levina Teetlinc o de Marie Anne Gérard Fragonard; los paisajes de Gertrude Eleanor Spurr, Lucy Bacon o Camile Flers; las escenas cotidianas de Eva Fredrika Bonnier, Laura Alma-Tadema o Berthe Morisot; los retratos de Anna Bilinska, Eva Gonzalès, Procesa Sarmiento, Ann Hall o Maria

Cosway; los bodegones de Clara Peeters, Claude Raguet, Adela Ginés o Anne Vallayer-Coster; las flores de Mary Hiester, Ellen Robbins, Clara Wheatley, Maria Caffi o Mary Ann Duffield; los insectos de Maria Sibylla o las frutas de Deborah Griscom (entre muchas), no son consideradas obras maestras ni tan siquiera grandes obras porque fueron realizadas por mujeres.

Caravaggio, Rubens, Rembrandt, El Bosco, Miguel Ángel, Velázquez, Goya, entre otros, pintaron bodegones, paisajes, retratos y todo tipo de obras que, pese a pertenecer al "género pequeño", ejecutándolas ellos fueron grandes obras, puesto que solo ellos tuvieron acceso a la pintura de historia, a la historia que pintaron ellos.

Lo frecuente, habitual y real, continua siendo cosa de mujeres y, en ámbitos académicos, su género un peldaño debajo de la jerarquía.

A este respecto debe resaltarse la obra de Clara Peeters, grande entre los más grandes y cuyas pinturas, tras más de 400 años, parece que empiezan a tener algún reconocimiento.

Sin datos exactos, puesto que su biografía está de momento poco estudiada, parece ser que Clara

Peeters nació en Amberes, Países Bajos, entre 1588 y 1590. Todo apunta a que perteneció a una saga de pintores (pudiendo guardar parentesco con Jan Peeters) o, que la artista fuera hija de una familia perteneciente al patriciado urbano tan presente en un contexto como el suyo.

En total a la artista se le atribuyen cuarenta obras enmarcadas entre 1607 y 1621, no existiendo ninguna obra conocida posterior que deje patente su continuidad. Ante una labor artística fructífera pero tan sucinta en el tiempo, algunos estudiosos apuntan que sus nupcias con Hendrick Jooseen en 1639, pudieron poner fin a su carrera pictórica en favor de su matrimonio.

Sus obras son un testimonio incalculable de la cultura material de su contexto, revelan los gustos de la clase alta flamenca, muy ligados al comercio, como lo evidencian los alimentos exóticos que vemos en sus obras, objetos como porcelana oriental o vidrio soplado veneciano. Sus pinturas tienden a una minuciosidad casi preciosista.

Entre juegos lumínicos y reflejos, observamos el rasgo más característico de la artista que la ha hecho ser conocida como "la pintura del selfie" puesto que se retrataba así misma en sus bodegones. Este hecho es tremendamente inusual, pero visible en otras artistas como un ejercicio de poder y de demostración de capacidad ante sus coetáneos.

Lamentablemente, y por su condición de mujer, Clara Peeters se vio limitada a pintar bodegones. Contemporánea de Rubens, Brueghel el Viejo o Snyders, no pudo acceder a disfrutar de una formación reglada y por ello a ser considerada Maestra de la pintura.

El Museo Nacional del Prado cuenta con cuatro de sus mejores bodegones, procedentes de la colección real y tres de ellos firmados en 1611. Constituyen el grupo de obras más amplio que puede verse en un solo museo, pues la producción conocida de esta artista es muy escasa y se haya desperdigada en múltiples colecciones, varias de ellas privadas.

En 2016 Clara Peeters se convirtió en la primera mujer pintora protagonista de una exposición en el Prado, organizada con la colaboración del Museo Real de Bellas Artes de Amberes. Junto a su exposición se puso el foco en la situación de las mujeres artistas a principios de la Europa Moderna. A dicha exposición, y en 2019, le sucedió la organizada en torno a las obras de

Sofonisba Anguissola y Lavinia Fontana, otra muestra de saldar su deuda histórica con las mujeres artistas.

Con la obra de Clara Peeters como ejemplo podemos cuestionar que la pintura de género siga, a fecha de hoy, considerándose secundaria o pequeña y atrevernos también a proponer su nombre como uno de los grandes referentes de la historia del arte.

La mujer compañera devota hasta el sacrificio extremo, Jeanne Hèbuterne, la esposa de Modigliani.

Amedeo Modigliani "Retrato de Jeanne Hèbuterne". Óleo sobre tela. 55×38 cm. 1919. Colección privada.

Tan importante como visibilizar las aportaciones de las mujeres a la cultura es, a mi entender, dar a conocer el nombre de aquellas que no pudieron hacerlo porque el machismo cosificó sus figuras de artistas y solo les permitió ser musas. En unas y en otras hay arte, la diferencia es la conversión en un estereotipo de belleza, la negación de sus capacidades intelectuales y el sometimiento a las necesidades del patriarcado.

Mujeres llenas de fuego, inteligencia y pasión que estando cumpliendo sus sueños tuvieron que abandonarlos para ser protagonistas del único espacio en el que se permite vivir a las mujeres, el doméstico, el de los cuidados, el de consorte y musa, el de mujer creada a los caprichos del ajeno, el de reina o ángel de un hogar claustrofóbico, inerte y servil, el de sacrificada y abnegada hasta el extremo.

Mujeres creadoras, con especiales cualidades para sentir, pensar. Habilidosas con lienzos y pinceles, con pluma y papel, con cincel y mármol, pero anuladas por la "genialidad" del compañero, por la desviación cultural de convertirlas en sombras de su vida, en mujeres objeto.

Mujeres hipersensibles cuyas aportaciones debieran haber enriquecido nuestra cultura, nuestras artes y poesías pero cuyas figuras fueron anuladas sencillamente por ser mujeres.

Tal es el caso de Jeanne Hèbuterne, mujer pintora prolífica, cuyas producciones quedaron eclipsadas en lidias de amor y peleas diabólicas para ceder ante el protagonismo de su cónyuge, Amedeo Modigliani. Artista que pasó de ser rebelde sobresaliente a musa abusada por su compañero, abandonando su genialidad para rendir pleitesía a su dios.

Su vida discurrió en una agónica evolución que la llevó a la abnegación y el sometimiento, a la destrucción por la tortuosidad de la relación, al aislacionismo, la dependencia, la mitificación de un inexistente amor romántico cuyo final fue la depresión, enajenación y suicidio. Una triste vida de la que debemos aprender, una dramática existencia presa de la amargura del desamor.

Los excesos de él, su existencia fatal y su tomentosa vida tornaron en sufrimiento continuo la vida de Jeanne, que vivía estando muerta hasta sucumbir a la desesperación y hallar solo refugio en la muerte que la liberó.

Hasta conocerla a ella, y pese a los conocidos escarceos, Modigliani no se había enamorado, no había sentido la intensidad del verdadero amor y lo descubrió convirtiendo a esta mujer primero en su musa, modelo, amante y poco después en cuidadora y sufriente desesperada.

Jeanne Hèbuterne nació el 6 de abril de 1898 en Meaux, Seine-et-Marne, en Francia. Hija de una familia sencilla, austera, católica y trabajadora (su padre trabajaba como contable en una mercería del centro comercial de la ciudad), por sus dotes artísticas accedió a la Academia Calarossi, dónde conoció a Amedeo Modigliani, 14 años mayor que ella, con fama de depravado, carismático, alcohólico, extravagante y del que se enamoró. Ella tenía 19 años, él 33.

Jeanne era, según su biógrafa Patrice Chaplin, una joven amable, tímida y tranquila. Su pintura fresca, colorida y de firmes trazos era muy apreciada por el círculo de artistas de la época. También le gustaba la música, tocaba el violín y creaba diseños de ropa con influencias orientales. Vestía con exóticos turbantes, capa marrón y botas altas. Una mujer menuda que no daba la impresión de serlo.

Pese a la oposición de su familia Jeanne, sucumbida por la excentricidad de Modigliani, decidió en 1918 (con 20 años ella y 34 él) ir a vivir junto al artista a Niza, motivo por el cual la familia de ella decidió cortarle su asignación económica. Se convirtió en su musa, cuyos espléndidos retratos actualmente son de los más cotizados en el mercado del arte. Una obra personalísima, alejada de las corrientes artísticas de la época y centrada en retratos, la mayoría desnudos, sencillos, delicados compositivamente tanto en las formas como en los colores y, utilizando un canon alargado, representa rostros ovales y cuellos estilizados.

Sus figuras planas eran las protagonistas, los fondos neutros las resaltaban. La obsesión por Jeanne le llevaba a idealizar su imagen, a que su verdadera presencia fuera ausente en sus retratos, a retratarla obviando la amarga realidad que ella vivía presa de la pobreza, vicios, adicciones y mal carácter del artista. Mientras tanto ella, que seguía pintando, se autorretrataba triste, oscura, decaída, enferma, depresiva. Una misma mujer y dos caras de una moneda, la de la realidad y la de la fantasía.

Sin que nadie valorase su obra y por lo tanto sin ingresos económicos, Modigliani cada vez se refugiaba más en el alcohol, a lo que sumada su vida bohemia y falta de higiene y cuidado. Así, en noviembre de 1918, a consecuencia de su avanzada tuberculosis, tuvo que ser ingresado en una clínica. En esas mismas fechas Jeanne parió a su primera hija a la que tuvo que entregar a una institución por falta de recursos, le puso su mismo nombre.

El estado de salud de Modigliani se agravaba cada día más hasta morir en enero de 1920 de meningitis tuberculosa. Él tenía 35 años, ella 21 y estaba embarazada de 9 meses.

Ella, inmediatamente y al término del entierro, acudió al apartamento de su padre y su madre y desde su antigua habitación, en un quinto piso, saltó reventando su cuerpo y el del que llevaba en su vientre, contra el asfalto.

A Modigliani le enterraron como un príncipe, tras un cortejo fúnebre formado por toda la comunidad de artistas que acompañaron el féretro por las calles de París hasta llegar al cementerio de Père-Lachaise. A Jeanne Hèbuterne, en la más absoluta vergüenza y secreto, su familia le dio sepultura en el cementerio de Bagneux.

A la muerte de Jeanne, la primera hija fue entregada a la hermana de Modigliani, quien la crió en Florencia.

En 1930, diez años después de la muerte de ambos, Emannuele Modigliani, el hermano mayor del pintor, convenció a la familia Hèbuterne para trasladar los restos de Jeanne junto a los de

Modigliani. Desde entonces reposan juntos bajo el epitafio "Compañera devota hasta el sacrificio extremo"

Las obras de Jeanne permanecieron en el olvido hasta que un experto en arte, apoyado por la hija de ambos, decidió darles acceso público. En el 2000 sus pinturas se presentaron en Venecia en la Fundación Giorgio Cini.

Jeanne Hèbuterne, como tantas mujeres, sacrificaron y sacrifican sus vidas personales, laborales y profesionales sometidas al protagonismo y genio masculino que, además de invisibilizarlas las mata física, psicológica o emocionalmente.

El suicidio de la víctima de violencia machista, las no visibilizadas: Elizabeth Sidall.

John Everett Millais "La muerte de Ophelia". Óleo sobre lienzo. 76 × 112 cm. 1851-1852. Museo Tate Britain, Londres, Reino Unido.

Cuando John Everet Millais le pidió a Elizabeth Siddall que fuera su modelo para pintar en 1851 el cuadro que tituló "Ophelia" y que hoy se encuentra en la Tate Britain de Londres, parece que predijo su futuro. Ophelia, personaje ficticio de la obra que William Shakespeare que escribió hacia el 1600 con el título "Hamlet", era una joven noble danesa hija de Polonio, hermana de Laertes y enamorada del protagonista de la obra.

Su nombre, procedente del griego y cuyo significado es "la que socorre o ayuda", representa en la obra literaria el paradigma de la mujer insegura, inestable, carente de voluntad, dependiente y frágil emocionalmente en las manos de un hombre. Ofelia es la constante manipulada que nunca pone resistencia a las voluntades de los personajes masculinos que marcan su vida. Necesita un guía y su felicidad se halla en complacer a los demás olvidándose de ella misma, lo que le llevará a un trágico final que es el suicidio, y que se narra en el cuarto acto de la obra, cuando ella ya inmersa en su locura subida a un sauce, canta e intenta ornamentarlo, cayendo y precipitándose a la deriva del río.

En un óleo sobre lienzo de 76,2 x 111,8 cm., Millais recoge el momento en que ella, muerta, flota en el agua rodeada de un buen número de flores cada una con un significado simbólico: recuerdos, dolor de amor, inocencia y desesperación.

Millais, siguiendo los principios centrales del Prerrafaelismo y la fidelidad a la naturaleza, trabajaba hasta 11 horas diarias en esta obra, las mismas que la modelo pasaba sumergida en una bañera vestida, en invierno y cuyas aguas se trataban de entibiar con unas velas colocadas bajo la tina. Muchas veces las velas se apagaban y el agua quedaba helada. Ella siguió posando hasta enfermar gravemente de neumonía, motivo por el cual el padre de Elizabeth denunció a Millais obligándole a pagar los gastos médicos.

Elizabeth Eleanor Siddall nació en Londres el 25 de julio de 1828 y falleció en la misma ciudad el 11 de febrero de 1862, suicidándose a los 33 años.

Su madre, Eleanor Evans, casada con Charles Crooke Siddall, ayudaba a éste en un pequeño negocio que poseían y en el cual, el Sr. Siddall, presumía de descender de una familia noble. Familiarmente la llamaban Lizzie.

Lizzie, nació en plena época victoriana (1837-1901), exacerbada de moralismos y disciplina, con rígidos prejuicios y severas interdicciones donde los varones dominaban tanto la escena pública como la privada mientras las mujeres, quedaban recluidas al sometimiento y cuidado de los hijos. El ahorro, el afán de trabajo, los deberes de la fe y el descanso dominical eran valores de gran importancia. En ese puritanismo, la castidad era una virtud vital y la insatisfacción femenina tratada como un desorden de ansiedad, como una enfermedad que era tratada con fármacos y psicoanálisis sin atender, analizar o solucionar las causas.

Aunque Lizzie no acudió a la escuela, su madre le enseño a leer y escribir, desarrollando desde pequeña una gran pasión por la poesía. A los 20 años y para percibir ingresos empezó a trabajar como modista de sombreros en una tienda en Londres, tarea que compatibilizaba con la escritura que también le proporcionaba ganancias.

Alejada de los cánones de belleza del momento, era llamativamente alta y delgada y su pelo cobrizo inusual llamaba la atención. En la tienda donde trabajaba fue descubierta por Walter Howell Deverell, uno de los fundadores de la Hermandad Prerrafaelista quien, embaucado por su peculiar belleza, no dudó en presentarla a Millais y Rossetti que la convirtieron en su musa.

Sus orígenes humildes, Lizzie, los solapaba con dulzura y aparente dignidad que, en realidad, escondían una falta de autoestima, vulnerabilidad y fragilidad que expresaba en versos llenos de amor, desamor, pasión, ternura y tragedia revelando una tristeza interior, opaca y eterna de la que abusó hasta destruir Dante Gabriel Rossetti, a quien conoció en 1853 cuando tenía 25 años.

Convencida por éste para convertirse en su modelo exclusiva, Lizzie, abandonó el trabajo en la sombrerería y se mudó a vivir con él, de familia acomodada y erudita. Su familia la rechazó y jamás vio con buenos ojos la relación. La fuerte personalidad de él sumada a su fragilidad la aislaron perdiendo ella contacto con su familia. Recluida todo el día en la casa él, a la par que la utilizaba como modelo, le enseño a pintar, despreciando su labor de poetisa. Rossetti le cambió el apellido y la llamó Sidal en vez de Siddall. Pronto empezaron las infidelidades y, por la oposición de la familia de él, en varias ocasiones, se pospuso el matrimonio. Lizzie a consecuencia de los desprecios, cada día estaba más delgada, anoréxica, enferma. A escondidas, seguía escribiendo poemas cuyos títulos eran "Amor muerto", "El paso del amor", "Perdidos", "Amor y odio" y "Agotada", entre otros. Pese a su aspecto cada día más deteriorado Rossetti en sus obras la idealizaba ocultando la grave situación.

En "Agotada" ("Worn Out") escribía:

"Tus fuertes brazos me rodean.
Mi cabello se enamora de tus hombros;
Lentas palabras de consuelo caen sobre mí,
Sin embargo mi corazón no tiene descanso.

Porque solo una cosa trémula queda de mí,
Que jamás podrá ser algo,
Salvo un pájaro de alas rotas
Huyendo en vano de ti.

No puedo darte el verdadero amor
Que ya no es mío,
El amor que me golpeó y derribó
Sobre la nieve cegadora.
Sólo puedo darte un corazón herido
Y unos ojos agotados por el dolor,
Una boca perdida que no puede sonreír,
Y tal vez ya nunca vuelva a reír.

Pero rodéame con tus brazos, amor,
Hasta que el sueño me arrebate;
Entonces déjame, no digas adiós,
Salvo si despierto, envuelta en llanto."

A diferencia de él, y con grandes dotes para la pintura, Lizzie se autorretrataba como un ser opaco, triste y oscuro, como un juguete roto en manos de la indiferencia que le rodeaba y de una relación tormentosa que la minaba. Años después el crítico de arte John Ruskin compró todas sus obras entre ellas óleos, acuarelas y bocetos inspirados en temas medievales idealizados.

Finalmente Siddall y Rossetti, un miércoles 23 de

mayo de 1960, se casaron en la iglesia de Saint Clement en la ciudad costera de Hastings.

No hubo familiares ni amigos presentes, y actuaron como testigos solo un par de personas encontradas en la ciudad. Su salud era tan precaria que, pese a vivir a cinco minutos caminando hasta la iglesia, tuvo que ser ayudada para llegar. La tristeza y la ansiedad por la situación vivida agravaban su estado, y ella para sobreponerse empezó a consumir láudano hasta convertirse en adicta. En 1861 quedó embarazada, pero dio a luz una niña prematura muerta, lo que le provocó una depresión postparto. La maternidad en aquellos tiempos, era uno de los motivos de la existencia de la mujer. El no poderlo cumplir la hundió más.

A finales de año había vuelto a quedarse embarazada, pero a los tres meses, en febrero de 1863, terminó suicidándose con una sobredosis de láudano. Rossetti ordenó quemarla, ya que el suicidio entonces era inmoral, ilegal y habría traído el escándalo a su familia e impedido su entierro en un cementerio.

Antes de ser enterrada Rossetti escondió junto a ella en el ataúd un cuaderno con la única copia de sus poemas inéditos y escondidos. En los años siguientes, empezó a obsesionarse con desenterrar su poesía y publicarla. Finalmente, él y su agente literario Charles Augustus Howell consiguieron un permiso de exhumación en 1869 para poder recuperar el cuaderno. Rossetti no se atrevió a estar presente y Howell lo rescató. Varios poemas estaban casi ilegibles, con las hojas roídas por los gusanos. A pesar de ello, los publicó en 1870.

Elizabeth Siddall fue poetisa y pintora en una época y circunstancias en las que de una mujer se esperaba lo contrario de lo que era ella. A su lado tuvo un hombre que jamás la reconoció como compañera, sino como una posesión a la que jamás prestó atención ni amor pero que impidió se realizase como mujer hasta llevarla al suicidio, otra forma de asesinato por violencia machista no visibilizada y cuya raíz es el maltrato psicológico.

Ha pasado más de un siglo y la muerte por suicidio continúa ocultándose, así como no relacionándose con la violencia machista. Anualmente en España, y como consecuencia de agresiones físicas, son asesinadas entre 60 y 80 mujeres víctimas de violencia de género, sin embargo el maltrato y la violencia psicológica que provoca problemas físicos y mentales y en muchos casos terminan en suicidio, son cifras que se ocultan.

Se calcula que el maltrato es la causa del 25% de los intentos de suicidio en todas las mujeres, lo que sumaría a las cifras oficiales entre 200 y 250 mujeres más que pierden la vida a consecuencia de la violencia de género. Son víctimas no visiblizadas. Si es una circunstancia extrema que una mujer sea asesinada a manos de su pareja o ex pareja, no lo es menos que durante años y a consecuencia de las vejaciones, los insultos, desprecios y tortura psicológica, no encuentre otra solución que quitarse la vida.

La vida al lado de un maltratador discurre con miedos, fatiga, estrés, desordenes en el sueño, dependencia emocional y un estado de alerta continuo, lo que inevitablemente supone disfunciones psicológicas importantes difíciles de demostrar en el sistema sanitario y/o judicial. Son producto de hechos continuados, frecuentes, en escalada y en círculo. Las mujeres víctimas continúan sometidas muchas veces incluso no siendo conscientes de la situación que viven y culpabilizándose a sí mismas, puesto que son víctimas del sometimiento.

La cultura del "tienes que aguantar", "calladita estás más guapa" o "es que ella es de alivio" propicia que las mujeres permanezcan en esas relaciones dañinas además de la falta de alternativas, el temor a la denuncia. Los asesinatos machistas se producen cuando la mujer decide finalizar la relación, hasta entonces persiste el maltrato psicológico.

Anulada psíquicamente, debilitada físicamente y aislada de su entorno la mujer pierde progresivamente la credibilidad y, sus dolencias, son diagnosticadas como depresión, ansiedad, falta de autoestima o histeria que pretenden curar con antidepresivos, todo salvo indagar en su realidad y comprender las causas de su situación. Así y por tanto, ante la incomprensión y la culpabilización son mayores los casos de suicidio que de asesinato puesto que por la falta de apoyos y recursos la salida del maltrato las mujeres la contemplan más eficaz quitándose la vida que denunciando.

Ansiolíticos, analgésicos y tranquilizantes forman parte de la dieta diaria de una mujer víctima de malos tratos, puesto que no hay forma de sobrellevar la situación. No es de extrañar por tanto que acudan a la dulzura que proporciona la dosis para atenuar el calvario; la sobredosis para terminar con sus vidas. Unas vidas aparentemente suicidas pero derivadas de un asesinato directo.

Por tener mayores dificultades para abandonar la relación, percibir que el maltratador jamás desaparecerá de sus vidas o por el deterioro psicológico y social vivido son más numerosas las mujeres que se suicidan con hijos que las que no los tienen.

Las cifras de mujeres víctimas de violencia de género no pueden darse únicamente en función de los asesinatos físicos, hay muertes lentas, silenciosas y agónicas que forman parte del feminicidio, unas y otras son el resultado del dominio ejercido por el hombre sobre la mujer y a ambas situaciones hay que darles eco y poner recursos que prevengan e impidan estos dramáticos finales.

Pataleando en el suelo pegajoso, el autorretrato de María Cosway.

María Cosway "Autorretrato". 1787

Las mujeres somos mayoría en la Universidad, además de ser mayor el número de matriculadas, nuestros expedientes son mejores. Según datos recopilados por la Fundación CYD: «la tasa de idoneidad (porcentaje de titulados en los cuatro cursos que dura un grado) fue en 2017, del 41,2% para las mujeres frente al 23,7% de los hombres y la tasa de graduación (porcentaje de los que se titulan en cinco cursos, como máximo) era del 55,3% para ellas frente al 37,1% de los hombres».

Pese a los mejores resultados académicos, en el ámbito laboral las mujeres padecemos mayor índice de paro, precariedad, contratos temporales, trabajo a tiempo parcial, ridículas becas, mientras que los varones sufren menos índices de desempleo, ganan un 10% más, tienen contratos indefinidos y trabajan a jornada completa. Hay más mujeres entre el alumnado que entre docentes, de cada 100 catedráticos solo 20 son mujeres y de 76 rectorías solo ocupan el cargo 11 mujeres. Los mismos porcentajes se aplican al resto de los ámbitos dónde hay una abrumadora presencia masculina pese a la peor formación y preparación.

En el ámbito de los estudios de género se denomina "suelo pegajoso" a las dificultades que tenemos para abandonar, pese a nuestra formación superior, la esfera doméstica y acceder a la pública, y por ende al espacio laboral. La persistencia de estereotipos de género continúa asignando a las mujeres las responsabilidades del cuidado y la limpieza del hogar impidiendo dedicación al ámbito profesional, a la asistencia a reuniones o eventos de empresa necesarias para progresar en la carrera.

Las mujeres nos incorporamos al mercado productivo sin abandonar las responsabilidades familiares y, cuando lo hacemos, somos tachadas de disfuncionales, porque la cultura patriarcal nos ha asignado el rol reproductor y cuidador que, además, ni está reconocido ni remunerado.

Las mujeres caminamos por un suelo que nos atrae e impide avanzar, que nos mantiene pegadas a tareas que sobrecargan y que solo con coeducación y educación en igualdad se pueden superar. Hora de muecas y de enfados ante esta discriminación por razón de género. María Cosway lo hizo, a través de su autorretrato realizado en 1878. Con él no solo se rebeló, sino que se retrató a sí misma transmitiendo su estado de ánimo fastidiada, molesta y crispada intentando soportar, y sin poderlo, la situación con la que se encontró tras contraer matrimonio pues su marido la obligó a dejar de pintar. María en ese momento sintió que un cielo sombrío se cernía sobre su vida, que su libertad había terminado y que esta era su última obra pero, gracias a su tozudez, perseverancia y tenacidad logró cambiar el destino que le habían previsto.

Maria Luisa Caterina Cecilia Hadfield nació en Florencia, Italia, en 1760. Su padre, de origen inglés, y su madre, italiana, montaron una posada en Livorno y el éxito de la misma les llevó a abrir dos más en la zona de la Toscana y enriquecerse rápidamente. Sus negocios eran frecuentados por aristócratas y acaudalados por lo que desde pequeña María frecuentó estos círculos.

Los Hadfields tuvieron ocho hijos, de los cuales cuatro fueron asesinados brutalmente por la niñera que los cuidaba y que fue capturada y condenada a cadena perpetua. Al dramático hecho sobrevivieron María, Richard, George y Charlotte. Aquella circunstancia extrema marcó para siempre la vida de María convirtiéndola en una superviviente luchadora.

Desde pequeña María demostró grandes dotes musicales y artísticas. Estudió dibujo, música e idiomas bajo la tutela de Violante Cerrotti y Johann Zoffany, se dedicó a copiar a los grandes maestros de la Galería de los Uffizzi y, por su esfuerzo y calidad del trabajo, fue elegida para ampliar su formación en la Academia de Bellas Artes de Florencia en 1778.

Siendo adolescente falleció su padre, María sucumbida en la tristeza, manifestó un fuerte deseo de tomar los hábitos pero poco tiempo después desestimó la idea. En 1779, teniendo ella 19 años, y transcurridos tres de la muerte de su padre, su madre decidió que se trasladaban a vivir a Inglaterra, estableciéndose en Londres.

Allí conoció a Angélica Kauffmann, también artista y con cierto reconocimiento entre la sociedad inglesa. Angélica se convirtió en su mentora y la presentó e introdujo en el círculo intelectual londinense del s. XVIII, consiguiendo que, en 1781, expusiera mostrando tres obras "Rinaldo", "Creusa apareciendo a Eneas" y "Como la paciencia en un momento sonriendo al dolor", obras inspiradas en temas mitológicos que en aquellos tiempos únicamente trataban los artistas masculinos, quedando las mujeres relegadas a pintar bodegones, floreros, retratos y todo tipo de artes consideradas menores. Por ello, María despertó el desconcierto y la admiración, triunfando con un género que estaba vedado para las mujeres. Con tan solo 21 años, María una joven italiana había triunfado entre la exquisita élite cultural londinense.

Poco antes de la exposición, Angélica Kauffmann presentó a María al pintor Richard Cosway. En la Inglaterra del XVIII las posibilidades de la mujer eran tres: prostituta asociada al placer, virtuosa casada o solterona dedicada a la caridad. María optó por la segunda desconociendo que el casamiento la llevaba a convertirse en una única persona representada por el hombre y renunciando a su libertad.

Richard Cosway era miembro de la Royal Academy y famoso por sus retratos en miniatura de la aristocracia de Londres, incluida la familia real. Cosway también era coleccionista y conocedor de pinturas, dibujos, esculturas y arte decorativo de Bartolozzi, y sus deberes como pintor principal del Príncipe de Gales incluían la supervisión de la colección real. Richard era poco agraciado físicamente, tenía 42 años y magníficas relaciones sociales; María con tan solo 21 años, preciosa, chispeante y llena de vida era su polo opuesto pero ambas familias acordaron un matrimonio de conveniencia que, le rejueneciera y diera un hijo a él e introdujera a ella en la clase acomodada. Ese mismo año se casaron.

Los, a partir de entonces, Cosway vivían en Schomberg House, en Pall Mall, una magnífica mansión que, además de ser un hogar, servía de galería para Richard exhibir su colección y organizar tertulias y veladas musicales. Los modales italianos de María irritaban al británico de modo que la mantuvo aislada para que los modificara, le obligó a estudiar inglés hasta dominarlo y le prohibió pintar, pues consideraba esa "afición" o "profesión" impropia de una mujer virtuosa, en tanto en cuanto, él era artista.

La intentó moldear para convertirla en anfitriona y exquisito ornato en sus fiestas y Salones de dibujos donde invitaba a toda la aristocracia londinense de la época. María se convirtió en la "Diosa del Pall-Mall", entreteniendo a sus invitados con conciertos y recitales, en una mujer objeto y consorte anulada por su marido, un florero en medio de un frívolo salón que le ahogaba.

Libertino, infiel y aficionado al postureo, Richard Coswall pasaba la mayor parte del día, incluso semanas fuera de casa y ella, saltándose las prohibiciones de su marido, continuaba con sus bocetos, pinturas y composiciones musicales, que su esposo le negaba a exponer o vender.

Pese a los intentos de él por ser parte activa de la élite británica su carácter afeminado, libertino, la fama que tenía de "comportarse como un mono", unido a su ideología próxima a los ideales de la Revolución Francesa, le condujeron a abandonar la Isla Británica para instalarse en 1786 en París junto a María.

En la capital francesa María se empoderó con los aires revolucionarios. La frescura parisina le llenó los pulmones. Visitó Versalles, el Louvre, Marly, el retiro de Luis XIV, el Palacio Real, San Germain, la

Columna en el Dèsrt de Retz y conoció a Thomas Jefferson que fue posteriormente, entre 1801 y 1809, presidente de Estados Unidos y que había quedado viudo cuatro años atrás.

Jefferson quedó prendado de María y, a su salida de París en octubre de 1786 le escribió una carta de amor, fechada el 12 de dicho mes, que forma parte de la vasta colección de su correspondencia, titulada "El diálogo entre mi cabeza y mi corazón" de más de cuatro mil palabras. Aunque la relación entre ambos no fue romántica ni amorosa lo cierto es que devolvió a María la autoestima, se volvió a sentir una auténtica mujer y abandonó la idea de servil esposa.

Así, en 1787 pintó un autorretrato en el que revelo su pataleo en el suelo pegajoso al que la habían sometido, su enfado con las prohibiciones de ejercer su profesión y su protesta contra la castración de la mujer por razón de sexo.

María se autorretrató con un espectacular vestido en satén dorado, con corsé y panier que sobresale por los brazos del sillón de terciopelo encarnado dónde está sentada, encajes de chantilly que rematan cuello y mangas, a la par que volantes y lazos. Sobre los hombros luce un pañuelo rematado con puntilla y festón, y del cuello pende, a modo de collar, una cinta estrecha de terciopelo negro que parece contener un camafeo o medalla. El abullonamiento de la indumentaria se complementa con la del cabello, levantado sobre la frente formando un alto tupé y cayendo por debajo, hacia detrás en largos bucles. La pesada peluca, que la hunde en el sofá, está rematada por un gran turbante muy de moda en aquellas fechas. Más que una elegante indumentaria de la época parece un disfraz. Como si la peluca y el turbante hubieran caído del cielo, ella se expresa exasperada. Realmente la obra tiene una doble lectura, una de ellas cómica por la pose de indignación de la artista teniendo que soportar tanto abalorio artificioso; otra dramática por su enfado. La ridiculez y extravagancia ajena que siente, nos la transmite.

La fastuosidad de las prendas se contrapone con la actitud de la protagonista que, bajo un cielo negro con una tormenta a punto de estallar, se nos presenta joven, solemne, sin ninguna coquetería y frustrada, mirándonos seria, enfadada, con los labios fruncidos en señal de disgusto y los brazos cruzados y desprovistos de pinceles, pentagramas o sus muchas dotes intelectuales. Se nos muestra indignada ante el marido que no le permite ejercer una profesión. Una imagen sin proyectos, sin sueños ni entusiasmo, una imagen derrotada al servicio de un esposo machista, déspota y envidioso. Una imagen decidida a decir ¡Basta ya!

Pese a estar casada, Maria Cosway siguió manteniendo correspondencia y relación con Jefferson hasta 1789 habitualmente y, más esporádicamente desde entonces, hasta la muerte de éste. María quedó embarazada de su hija Luisa Paulina Angélica, pero ya nada le impidió intentar alcanzar sus sueños. Visitó el Louvre y copió obras de los grandes maestros, al entonces afamado pintor francés, J.L. David, le envió un grabado de su pintura alegórica "Las Horas" quien la catalogó de ingeniosa y poética y la introdujo en los círculos artísticos de la capital francesa, recibiendo grandes reconocimientos y encargos.

Aunque la relación entre Richard y María era distante, además de ser conocidas las relaciones extramatrimoniales de éste, la pareja decidió en 1791 regresar a Inglaterra, instalándose en Strattford Place. Aunque con residencia allí, María siguió viajando por todo el continente, cultivando contactos en el mundo del arte. Su hija Luisa Paulina falleció a los 10 años de edad, y la pareja finalmente se separó y el matrimonio fue anulado, siendo ingresado él en varias instituciones a consecuencia de sus trastornos mentales hasta su muerte en 1821.

María realizó muchos retratos por encargo y también fue intermediaria entre personajes de la vida pública y artistas (encargó al artista Francesco de Cossia el primer retrato de Napoleón visto en Inglaterra y a Trumbull uno de Jefferson entre otros), también pintó y decoró interiores de iglesias e instituciones y organizaba visitas turísticas para ciudadanos y ciudadanas británicas en Paris.

En 1803, en Lyon, María fundó un colegio para enseñar y formar a niñas. Funcionó hasta 1809. El duque de Lodi, que lo conoció, la invitó a fundar otro en dicha ciudad que se inauguró en 1817 con el nombre de "Collegio delle Grazie" y en el que ejerció viviendo y enseñando hasta su fallecimiento en 1838. En recompensa a su labor a favor de la educación de las niñas, el emperador de Austria Francisco I, en 1834, la nombró baronesa. El colegio sigue en funcionamiento.

En una época dónde había importantes restricciones a la formación de las mujeres María Cosway creó una institución dónde además de buena moral y vida social, las niñas aprendían lengua italiana, caligrafía, aritmética, historia y geografía con la intención de que se desarrollaran individualmente en la sociedad.

Han transcurrido más de 200 años desde la reivindicación pictórica de María Cosway y las mujeres continuamos siendo las que sostenemos la vida doméstica y el cuidado familiar dedicando, las que trabajamos fuera de casa, hasta casi 6 horas diarias más que los hombres a ello; las que no, las 24 horas. También somos las que renunciamos a trabajos o ascensos profesionales víctimas del suelo pegajoso. Nosotras somos las que cocinamos, lavamos, planificamos, hacemos la compra o acompañamos a familiares al centro de salud. Nuestro tiempo circular se ha convertido en una espiral imposible de llevar, y en los tiempos que corremos sabemos que la gran mayoría de los hombres no están dispuestos a vivir en corresponsabilidad, ni nosotras a renunciar a puestos de trabajo, remuneraciones o seguir ascendiendo para romper el techo de cristal.

A falta de políticas que nos apoyen las mujeres hemos tenido que buscar soluciones, hemos reaccionado y la única opción posible y eficaz ha resultado ser renunciar a la maternidad o aplazarla. En 2018 el número de hijos estaba en 1,31 y la media para tener el primero en los 32,1 años. Se trata de las cifras más extremas de la historia y muy por debajo de las europeas. Ello supone una pérdida importante de población y un envejecimiento de la misma.

Es lamentable que a estas alturas tengan las mujeres que seguir pataleando por conseguir un derecho intrínseco, la igualdad.

Los interiores, los dormitorios y los espacios íntimos.

Edgar Degas "Interior". Óleo sobre lienzo. 81 x 114 cm. 1868–1869. Museo de Arte de Filadelfia.

Edgar Degas es considerado como un pintor impresionista, sin embargo sus escenas interiores cargadas de crítica social lo apartan de este movimiento artístico y lo acercan a un realismo clasicista de otros maestros franceses como Ingres y Delacroix. Su obra "Interior" es muestra de ello.

Aunque hoy se encuentra en el Museo de Arte de Philadelphia, desde que la pintó en 1868 la mantuvo más de 40 años en su estudio, como si se tratara de un talismán que el mismo autor catalogaba como "su pintura de género". La obra, en 1912, antes de que falleciera su autor, se rebautizó con otro nombre "La violación".

"Interior" o "Violación", la escena resulta perturbadora e invita a pensar en la violencia doméstica que día a día y en silencio viven demasiadas mujeres. La historia de esas dobles personalidades que entre compañeros, vecinos y amigos son cordiales y amables a la par que monstruos en casa, la historia de María:

"Siempre era amable con los vecinos. Siempre daba los buenos días en la escalera o en el ascensor. Siempre una sonrisa cordial. Siempre. Menos en el interior.

Ella se encargaba de tener siempre preparada su camisa por la mañana, y su pantalón, con la raya bien marcada con la plancha. Le preparaba el café con dos cucharadas de azúcar colmada, como a él le gustaba y cuatro galletas que, reblandecidas, terminaban en el poso de la taza. Intentaba servirle con alegría, pero no podía, le faltaba respiración. Él desayunaba vestido con traje. Ella le atendía con guardapolvo, siempre retirándose el pelo tras de las orejas, siempre quitándose el sudor de las manos

en el delantal, siempre haciendo el mínimo ruido
para que los niños no se despertaran y él estuviese
en paz.

Cuando a las 7.30 cruzaba la puerta para ir a
trabajar ella respiraba hondo el aire fresco que
entraba. Se maquillaba. Necesitaba varias capas
para cubrir alguno de los hematomas que él le
dejaba. Tapaba su fealdad y, cubiertos, se miraba
con dignidad. Después se peinaba intentando
ahuecar su pelo teñido para tapar las canas y la
raya. Se vestía, discretamente, por supuesto. Era
un ceremonial diario que terminaba buscando el
brillo de su mirada en el espejo, y que nunca
encontraba.

A continuación levantaba a los niños y, mientras se
vestían, les calentaba la leche. A ellos les gustaba
caliente. Aunque uno tenía 13 y el otro 15 años, les
preparaba unos bocadillos y un zumo para
tomarlos en el instituto. Los acompañaba en coche,
la costumbre de los años se había convertido en
obligación. Aparcaba a varios metros de la puerta,
desde dónde veía que sus hijos se alejaban.

A continuación iba a casa de su suegra dónde
repetía otro café. Ella administraba el dinero, de
modo que todas las mañanas pasaba para

explicarle las cosas que necesitaba comprar y su suegra se lo daba. Agradecida aprovechaba para hacerle las compras a ella. La consideraba su segunda hija y le repetía constantemente que era muy afortunada porque no le faltaba de nada. Son caracteres difíciles, hija, le decía, aguantan mucha presión en el trabajo, se ocupan de las facturas, de los gastos, es normal que lleguen a casa y exploten. Recuerda que tú eres el ángel de su hogar.

Y se lo creía...... y aguantaba y hasta se sentía dichosa por tener en su vida un hombre que la cuidaba, que la protegía y mantenía. Además, debía aprender el papel para en un futuro ella cuidar de sus hijos, cuidar de sus nueras.

Sin demasiadas prisas, pero sin relacionarse con nadie, acudía a comprar comparando los precios. La mejor calidad al mejor precio, pedir turno en las colas, sonreír al resto, decir que todos estaban bien, y volver a casa de su suegra, con la compra, con los tickets, conformada. Cuando llegaba solía encontrarse con algunos tapers preparados, con comidas cocinas por ella, las preferidas de su hijo. Agradecida de nuevo se las llevaba.

*Así pasaban las mañanas, una tras otra. Así
pasaba la vida.*

*Cargada llegaba a casa, limpiaba el polvo mientras
la lavadora rodaba. A medida que se acercaban las
3 se alteraba, con extrema puntualidad era la hora
de su llegada, y siempre sentía que le faltaba
tiempo para que estuviese todo perfecto. Se
ahogaba. Los chicos, que comían en el instituto,
llegaban mas tarde.*
*Cuidadosamente preparaba la mesa. Lo colocaba
todo con regla y compás. Platos centrados,
cubiertos ordenados, mantel reluciente y servilletas
inmaculadas. Llegaba él, lo recibía con su frente
esperando un beso que muchas veces reconfortada,
no recibía.*

*Se sentaban a comer. A ella le acompañaba el
silencio; a él las quejas por sus compañeros de
trabajo, por su jefe que no le valoraba, por la
facturas que tenía que afrontar. Sentía su desprecio
cuando la miraba y despistaba, porque sabía que el
solo mirarlo era un desafío, el solo mirarlo era
motivo para explotar. Vino de mesa y una copa de
cognac ella se encargaba de que nunca faltaran en
la despensa, puesto que con una dosis de ambas
bebidas dos horas de siesta le garantizaban a ella*

dos de paz. Mientras él dormía, ella planchaba silenciosamente.

Al despertar, se lavaba la cara, se peinaba y marchaba a tomar con sus amigos. Ella quedaba en casa, preparando algo para cenar, caldeando la casa en invierno y abriendo las ventanas en verano para que refrescara. Esperaba. Intranquila por lo que se avecinaba, esperaba.

En esas horas aprovechaba para telefonear a alguna amiga. Ángeles, que lo era desde la infancia, le decía que no había podido aguantar más, que había denunciado a su marido, que lo había pasado fatal en el juzgado pero que ahora era libre, todos los meses recibía algo más de 400 euros y, como no podía pagar un alquiler residía temporalmente en un piso con otras mujeres en similares circunstancias, que los servicios sociales le daban vales para, una vez por semana, ir a las dependencias de un supermercado social.

Encarna, antigua compañera de trabajo había tenido más suerte, le permitían quedarse en su casa pero, al tener una orden de alejamiento debía llevar a sus hijas a un punto de encuentro familiar todas las semanas. Las niñas lloraban a la entrada, no querían pasar, tenían miedo, pero ella tenía que callar. Pese a que era administrativa, Encarna limpiaba escaleras para sacar adelante a las niñas.

Escuchando las vivencias de sus amigas, María sentía que era peor el remedio que la enfermedad. Salir de su casa, perder a sus hijos, declarar en los juzgados, mendigar por los supermercados o limpiar escaleras no era mejor panorama que el que vivía. Sabía que no tenía elección, no tenía salida.

A las 10, chisposo, acudía él. Todo preparado y listo, como a mediodía, todo reluciente esperando al dueño y señor. Sin mediar palabra engullía, bebía y María recogía las migajas desparramadas por el suelo y el mantel. Mientras él veía la tele, ella fregaba, secaba y guardaba en orden la vajilla. Se acostaba vigilante a que él entrara en la habitación. Echada de espaldas y cogida fuertemente a la almohada simulaba dormir. Y entonces sentía su gélida mano en su seno, que apretaba fuertemente. Resignada, se postraba de bruces en la cama esperando a que él la forzara, la penetrara. Jamás había tenido un orgasmo pero sí sabía era el precio de resistirse. Aprendió a consentir. Inmovilizada esperaba el último jadeo ronco, repugnante, obsceno, al que estaba acostumbrada. Resoplando se dormía desnudo, ella descansaba cubierta con su camisón.

La anónima mujer que aparece en la obra de Degas es María, las muchas Marías que aprendieron a consentir para evitar golpes y trompazos, la de muchos violadores que alegan que no la han forzado a nada.

Con clara superioridad, el hombre, de pie, desafiante y poderoso permanece impasible apoyado en la puerta e impidiendo que alguien entre o salga, con las piernas abiertas mira ácida y desafiantemente a la mujer, que compungida y semidesnuda, llora. Es un espacio cerrado, claustrofóbico, dónde solo se respira miedo y tensión que se transmite al espectador de la escena. La mujer, agredida, esconde su vergüenza a la par que sus prendas arrancadas están por el suelo.

Es la imagen de la culpa, de la indefensión, de la violencia sufrida por la mujer, del abuso ejercido por el hombre. El reducido espacio incrementa la carga emotiva y dramática al asunto dónde contrasta la cama, intacta, con el desorden de las prendas, lo que induce a pensar que la vejación se ha producido en el suelo. El hombre vestido, impoluto; la mujer sin apenas ropa, inmunda. La violencia de la obra la acentúa la luz que, lejos de simbolizar esperanza, coloca al hombre en la penumbra e ilumina la espalda desnuda de la mujer. El preciosismo del papel pintado de las paredes se yuxtapone a la agresividad que amedranta. El silencio de un alma abatida que acepta la necesidad de consentir y su inferioridad, es la protagonista del cuadro.

Siendo un cuadro de época que devela furia por todas partes, revela una realidad que cien años después continúan viviendo demasiadas mujeres. El interior, la intimidad de las viviendas o de los dormitorios son el infierno eterno y diario de muchas mujeres que, invisibles, deambulan por la vida sin escapatoria del que creyeron su amor.

Rompiendo estereotipos: Hannah Gluckstein, Gluck.

Hannah Gluckstein "Medallion". 1937. Brighton Museum and Art Gallery. Brighton and Hove. UK.

A principios del S.XX, desafiando a la sociedad conservadora inglesa, la pintora Hannah Gluckstein obviando su identidad de género acercó la androginia al arte con una elegancia asombrosa, rompiendo estereotipos y roles convencionales tan teñidos en la sociedad victoriana.

Hannah nació en Londres en 1895, en el seno de una rica familia judía. Su padre, Joseph Gluckstein era propietario de una cadena británica de restauración; su madre, Francesca Halle de origen estadounidense, era cantante de ópera; su hermano Louis se convirtió en un político conservador. Por su trayectoria posterior podemos imaginar cómo se sentía Hannah creciendo en una familia dónde los roles estaban tan marcados, las ideas tan estancadas y su futuro planeado hacia un provechoso casamiento. Un ambiente en el que se asfixiaba y sentía frustrada por no poder desarrollar su proyecto vital.

A los 18 años, en 1913, Hannah comenzó a estudiar arte en St John's Wood, una escuela al norte de Londres y centro de arte anglo-francés. Allí encontró su lugar, descubrió su disforia, se aceptó y cambió, cortando su pelo y empezando a vestirse con ropas masculinas. Paseaba por la ciudad con camisas, aunque amplias, hechas a medida y zapatos de caballero. El descontento familiar era unánime, su padre pensaba que era una extravagante moda, su madre que había algo torcido en su cerebro; sin embargo ella, y pese a las actitudes de rechazo que recibía, siguió en el empeño de su individualidad y, no pudiendo reasignarse, suplió la ansiedad, falta de autoestima, irritabilidad y malestar por un empoderamiento interior que manifestó con sus atuendos varoniles.

Hannah, que fue una mujer luchadora y valiente al terminar sus estudios en 1916, conociendo el entorno social y familiar, decidió no volver y se mudó a vivir a una colonia de artistas al oeste del valle de Cornwall, en Larmona, conocida como "Newlyn School". En su nueva identidad empezó a llamarse Gluck y, pese a su desacuerdo, su familia la apoyó económicamente lo que le permitió tener una vida holgada.

Al poco tiempo abandonó la colonia y se compró un estudio en Cornwall dónde residió sola. En esa época conoció a Romaine Brooks, también pintora de origen italiano a quien gustaba vestirse también de hombre. Se dedicaron a autorretratarse y, además de una profunda amistad y respeto, surgió la pasión. En esos años Gluck se convirtió en una afamada retratista y decoradora de interiores que insistía en ser reconocida como tal, «sin prefijo, sufijo ni comillas», sin que se identificase su arte con su género como tampoco con ninguna escuela artística o movimiento pictórico.

Puesto que a su fama le acompañaba la mejora de ingresos económicos, a finales de los años 20 adquirió una casa más grande en Hampstead. En esos años conoció a la talentosa decoradora florista llamada Constance Spry con quien convivió desde 1932 a 1936. La profesión de su compañera embriagó su obra que, en esos años dedicó casi exclusivamente a pintar motivos florales, muchos de ellos por encargo de clientes de su amada.

Terminada la relación, en 1936, Gluck conoció a Nesta Obermer, de la que se enamoró. Ella era una dama de la sociedad londinense que había contraído nupcias por conveniencia con un negociante norteamericano. Juntas disfrutaban de la lectura, teatro, conciertos y, inspirándose en una noche que acudieron juntas a la ópera, pintó "Medallion", dónde aparecen retratadas fusionadas.

Es difícil encontrar en la historia del arte un retrato de pareja dónde se respire tanto amor, complicidad, igualdad y majestuosidad de ambas retratadas. Dos mujeres que, de perfil, buscan en el horizonte la dicha, dos mujeres que, desprovistas de su género son libres. La imagen se utilizó posteriormente como portada de una edición de "Virago Press". Gluck sentía que eran un "matrimonio", pero Nesta ahogada en una relación que consideraba demasiado posesiva decidió abandonarla en 1944.

Ello sumió a Gluck en una terrible depresión de la que logró salir al conocer a Edith Shackleton con quien se fue a vivir a Sussex. En estos años, aunque todavía realizaba retratos, puso todo su empeño en luchar con la cámara de comercio inglesa y los manufactureros de pinturas reivindicando mayor calidad en los materiales en lo que fue una auténtica "guerra de pinturas". A la par fue nombrada miembro de la sociedad real de artes y le fueron comisariadas varias obras. Junto a Edith estuvo cerca de 30 años. Envejecieron juntas en una relación llena de turbulencias y disfrutaron de exposiciones individuales que tuvieron gran repercusión y que estaban inspiradas en temas relacionados con el amor, la muerte y el tiempo. En 1976 Edith falleció y a los pocos días Gluck sufrió un ataque al corazón del que se recuperó pero dejo prácticamente postrada hasta enero de 1978 que murió.

El último gran trabajo de Gluck fue una pintura de una cabeza de pez en descomposición en la playa titulada" Rage, Rage against the Dying of the Light"

Puede parecer que Gluck fue promiscua, dependiente emocional , casquivana, pero lo cierto es que tras el atuendo masculino se escondió una persona enamorada del amor, de ese amor romántico que tantas veces nos abandona, destruye, parte el alma y solo logramos recomponerla creyendo haber encontrado otra persona a quien amar, olvidando que nuestras grandes amantes somos nosotras mismas.

Gluck pintó paisajes, retratos, soldados disparando, arreglos florales, bodegones, escenas de fiesta, pintó de casi todo y lo hizo con la misma solemnidad y dignidad con que vivió, en una sociedad arrogante y descarada creyente de poseer el derecho de regular formas de vida y comportamientos. Una sociedad a la que Gluck le plantó cara con su arte y forma de vivir.

Gluck es una de las mujeres artistas que la historia y el feminismo deben visibilizar por su aportación personal y profesional.

De musa a muñeca rota: Camille Claudel.

Camille Claudel "La edad madura". Bronce. 121 x 181.2 x 73 cm. 1899. Museo Rodin. Paris.

Pese a su abundante producción escultórica, algunas piezas hoy conservadas en varias colecciones (la más numerosa la Rodin de Paris), y otras destrozadas en ataques de ira por ella misma, Camille Claudel es otra de las grandes mujeres artistas cuyo arte permanece olvidado a la sombra del artista que la destruyó, la vejó, humilló, menospreció y finalmente enloqueció: Auguste Rodin.

Camille Claudel nació el 8 de diciembre de 1864 en Fère-en-Tardenois, Aisne, situado en el norte de Francia. Fue la hermana mayor del poeta y diplomático Paul Claudel.

Su padre, Louis Prosper, trabajaba en el mundo de las transacciones bancarias. Su madre, Louise Athanaïse Cécile Cerveaux, provenía de una familia granjera y católica de Champagne y la detestaba por no ser un niño varón. Nunca estuvo de acuerdo con la vocación que Camille mostraba hacia el mundo de las artes.

Desde la infancia, Camille jugaba con el barro y esculpía a las personas de su entorno, incluyendo a sus hermanos más pequeños y a su cuidadora Eugénie Plé. Lo que comenzó como una mera distracción se convirtió en una pasión y su profesión.

Cuando en 1881 su familia se trasladó a vivir a Paris, ella tenía 17 años y vio la oportunidad de estudiar Bellas Artes. Aunque en ese momento, la famosa École des Beaux-Arts tenía prohibido la presencia de mujeres e impedía que se matricularan en este centro, pudo ingresar en la Academia Colarossi, que era uno de los pocos lugares abiertos para mujeres estudiantes, siendo dirigida por el escultor Alfred Boucher. Allí conoció a otras jóvenes, en su mayoría inglesas, junto con quienes alquiló un taller y compartió residencia.

Durante tres años y hasta que partió a Florencia, Alfred Boucher fue el maestro de Camille, quien alababa su obra y su inspiración y le enseñó a trabajar con otros materiales como el mármol y el bronce. Boucher, en su partida pidió a Auguste Rodin que continuara con la instrucción de sus alumnos. Era 1883, ella tenía 19 años, Rodin 43.

Al poco tiempo de conocerla, se obsesionó con su belleza y, pese a la diferencia de edad y su compromiso con Rose Beuret, coqueteaba con ella, la manipulaba, adulaba y acosaba, abusando de su posición de superioridad y edad. Él le escribía:

«Feroz amiga mía

[...] Esta noche, recorrí (durante horas) sin encontrarte, nuestros lugares, ¡cuán dulce me sería la muerte! [...] ¿Por qué no me esperaste en el taller? [...] Camille mi amada a pesar de todo, a pesar de la locura que siento venir y que será obra de usted. si esto continúa. ¿por qué no me crees? Abandono mi Dalou, la escultura; [...] Hay momentos en los que francamente creo que te

olvidaré. Pero en un solo instante, siento tu terrible poderío. Ten piedad malvada. No puedo más, no puedo pasar ya un día sin verte. Si no la atroz locura. Se acabó, ya no trabajo, divinidad malhechora, y sin embargo te amo con furor. Mi Camille tranquilízate no tengo amistad con ninguna mujer, y toda mi alma te pertenece.

No puedo convencerte y mis razones son impotentes, mi sufrimiento no lo crees [...] Déjame verte todos los días [...] no deja a la fea y lenta enfermedad prenderse a mi inteligencia, el amor ardiente y tan puro que siento por ti, en fin, piedad querida, y tú misma serás recompensada.» Rodin.

De alumna se convirtió en confidente, de ahí en musa y fuente de inspiración y, finalmente, en amante de un artista que ni la valoraba como profesional ni como mujer, viviendo una relación turbulenta llena de promesas que nunca llegaron y de desprecios que la amargaron. Camille era una muñeca en las garras del artista que la moldeaba a su antojo a la par que infravaloraba su arte. La promiscuidad de él produjo que los 14 años que tuvieron de relación estuvieran plagados de peleas y celos.

Una de las primeras obras que Camille realizó al conocer a su maestro fue su busto en terracota, pieza que él se dedicó a exhibir junto a las propias y como muestra de las buenas enseñanzas que la discípula recibía. Pese a las descalificaciones de él, ella continuaba trabajando. En 1888, en bronce y con unas medidas de 49×35 cm. realizó el "Torso de una mujer de pie" y, también ese año empezó, en mármol, la pareja "Vertumno y Pomona" de 91x82cm. En 1893 esculpió en yeso "Cloto" y "Perra hambrienta", en bronce con patina de café. La obra femenina y juvenil de Camille, se diluía entre la masculina y adulta de Rodin, a la par que la relación entre ellos era cada vez más dolorosa para ella que soportaba verlo exhibiéndose con otras mujeres, prometiéndole que ella era la única de su vida. Embaraza y presionada por él, incluso llegó a abortar.

En 1898, por fin consiguió fuerzas para abandonarle. Ella tenía 34 años, él 58. Ese año comenzó su proyecto en yeso de "La edad madura", una obra que, cuando Rodin vio, le supuso tal conmoción e ira que intentó conminar al ministerio de bellas artes para que cancelasen la financiación de la comisión en bronce. La obra es un grupo escultórico también conocida como El destino, o El camino de la vida, o La fatalidad, o L'Age mûr o La Destinée. En el grupo aparece Rodin caminando junto a Rose Beuret y ambos dando la espalda a una muchacha que, implorante, les sigue. Un año antes había esculpido "Las habladoras" y "La ola"

La crítica y la prensa empezaron a reconocer su talento y ella siguió produciendo. Pero era demasiado tarde. En bronce realizó "El gran vals" y, "La fortuna" en 1900 y, "Las conversadoras", en mármol, en 1905. Sin embargo, destrozada emocionalmente se encerró en su taller y aisló. Su última exposición la realizó en 1905.

Obsesionada con ese hijo o hija sin nacer, se dedicó durante años a esculpir bustos de niños, niñas e imágenes infantiles que ella misma rompía rodeada de una miseria cada vez mayor. El único que la apoyaba era su padre quien, pese a las peticiones reiteradas de la familia, se negaba a ingresarla en un centro de salud mental.

Paralelamente, en 1909, Auguste Rodin comenzaba las negociaciones con el Estado francés para crear el Museo Rodin en el Palacete hotel Brion y donde, actualmente, se exhibe buena parte de la obra de Camille.

A la muerte del padre de Camille, en 1913, su hermano Paul la internó en el hospital psiquiátrico de Ville- Èvrad donde le diagnosticaron "una sistemática manía persecutoria acompañada de delirios de grandeza". Cuatro meses después, en julio, su hermano la ingresó en el manicomio de Montdeverques del cual, y pese a su recuperación, no salió hasta su muerte 30 años después.

Su familia prohibió que recibiera visitas y, salvo su hermano que la visitó siete veces, jamás fueron a verla. Falleció en 1943 sola y fue enterrada en una tumba sin nombre en un terreno del manicomio donde eran sepultados los restos de pacientes olvidados por sus familias. A la muerte de Paul Claudel, en 1955, se levantó el veto que existía en la familia respecto a ella y los descendientes, con la intención de darle una tumba digna, escribieron a Montdevergues solicitando la ubicación exacta del lugar del entierro y su exhumación, a lo que la institución contestó desconocer puesto que los terrenos se habían utilizado para realizar ampliaciones la institución mental.

Paralelamente y tal y como lo dispuso Auguste Rodin, encima de su tumba se colocó su escultura "El Pensador", bajo la cual descansa un genio que cosechó el éxito a costa de destrozar la vida de mujeres y despreciar la obra de artistas de la que se apropió. Allí, solemne, está enterrado pese a su reprobable comportamiento mientras Camille, no se sabe bien donde, permanece atormentada y alejada de las obras que brotaron de sus manos desde que era pequeña.

El diagnóstico mental que hicieron a Camille de "delios de grandeza" no deja de ser una demostración más del precio que una mujer de su tiempo tenía que pagar por no cumplir el rol de mujer que estaba escrito.

El culto a la agresión de mujeres en la iglesia católica cristiana.

Gaspar de Palencia "Martirio de Santa Águeda". Óleo sobre tabla. 59x 46 cm. 1578. Museo de Bellas Artes de Bilbao.

A lo largo de historia, las mujeres hemos sido apartadas de la formación e incluso hemos tenido prohibido su acceso. Entre nosotras, especialmente, ha reinado el analfabetismo. Los templos e iglesias, lugares de obligatoria visita para no incumplir contra determinados "Mandamientos", han sido durante siglos centros de instrucción a través de las esculturas que ornaban sus accesos y las pinturas que decoraban su interior. Imágenes, unas y otras, parlantes y formadoras de modelos de vida. El arte ha sido utilizado como propaganda de regímenes políticos y religiones, en el caso de la católica, especialmente, desde el siglo XVI.

Para responder al desafío de la Reforma Protestante, entre 1545 y 1563, la Iglesia Católica Romana organizó el consejo ecuménico conocido como Concilio de Trento, a partir del cual se llevaron acciones de Contrarreforma. A partir de entonces las manifestaciones artísticas y la filosofía quedaban al servicio de la teología y su objetivo era inducir a las masas a aceptar "verdades" y adoctrinar al pueblo.

En el adoctrinamiento entró el emocionalismo, sentimentalismo, teatralidad, el deseo de provocar emociones de dolor, aflicción, causar heridas y provocar lágrimas y, especialmente, crear temor en los y las fieles. El arte se convirtió en propaganda, los centros religiosos en escenarios y las imágenes en una invitación a participar en las agonías y martirios de los personajes representados.

Lo que la Iglesia Católica Romana pretendió transmitir como vidas ejemplares para aleccionar al pueblo se traduce en representaciones de mujeres, cuyas vidas y leyendas habían relatado los hagiógrafos, recibiendo palizas, esclavizadas, degradadas, golpeadas, amputadas y violadas a la par que custodiadas por elementos iconográficos para la identificación y lectura de las imágenes.

Tanto en las representaciones religiosas de las mujeres, especialmente en el barroco pero también en movimientos artísticos anteriores y posteriores, se creó un culto a la agresión, una violencia constante ejercida sobre ellas así como una veneración a su virginidad. Santas y mártires transmitían angustia, temor y desasosiego; mientras que vírgenes y castas, calma y tranquilidad.

Con la Contrarreforma, los cuerpos vestidos de las mujeres o cubiertos con sutiles gasas se desnudaron convirtiéndose en un producto de tortura misógina, en un espectáculo de terror dónde mutilaciones de pechos , agresiones sexuales, vejaciones y torturas se normalizaron mediáticamente, convirtiéndose las iglesias en auténticos shows que provocaban el shock en fieles que entendían los golpes y las ignominias como parte de su existir, a la par que los fieles empezaron a identificarse con verdugos y autoridades en el sometimiento de la mujer.

Aquellas imágenes, que se crearon para adoctrinar en el castigo y el temor de las mujeres conteniendo esos grados de tortura, se aproximan a la pornografía al presentarnos mujeres que se muestran gozosas ante la crueldad, el martirio y el horror. Son representaciones crueles, tormentosas, retorcidas y terroríficas que elevan la leyenda al mundo real, adormeciendo al espectador en el pánico en vez de despertarle.

Bajo el mecenazgo eclesial, los artistas encontraron el éxito en la exageración de las leyendas y la intención de emocionar y cautivar al público convirtiendo los templos cristianos en campos de concentración donde no podían apartar la vista de la atrocidad y el horror. Espeluznantes imágenes que, de forma individual, formando series o en tablas que contenían diferentes escenas , coronando altares o pendiendo en laterales, representando escenas que, con sangre y sin resistencia, evocaban la dureza de la agresión sexual a la mujer a través de cuerpos, generalmente infantilizados, lo que agravaba la connotación.

Interiorizar el abuso sexual a la mujer formó parte de la cotidianeidad, una historia cerrada con principio y fin y sin posibilidad de abandonar. Una existencia, para las mujeres, apocalíptica y reiterativa hasta las náuseas que traspasaba las fronteras de la agresión para llegar al sadismo y que las retenía en una claustrofobia sin luz. Imágenes que devoraban la vida de las mujeres en su propio universo, que las retenía en la creencia de que sus cuerpos habían sido creados para el abuso y el maltrato, que su destino era el sometimiento y la barbarie. Una estrategia en la que Iglesia y Estado, con una cuidada escenografía, unos grandes artistas y unas legendarias actrices, narraron un discurso patriarcal y misógino.

Aunque el cristianismo fue perseguido por el Imperio Romano desde sus inicios, las persecuciones fueron siendo más o menos sangrientas dependiendo del Emperador. Con Diocleciano, a mediados del siglo III, tuvo lugar "La Gran Persecución" y de ella se extrajeron las vidas y leyendas de quienes la sufrieron. Los edictos ordenando a toda la ciudadanía romana a realizar sacrificios a los dioses paganos se aplicaron por todo el imperio, aunque con más debilidad en Galia y Britania y más evidentes en las provincias Orientales, motivo por el cual hallamos más mártires en esta zona. Estas vidas inspiraron los relatos de hagiógrafos posteriores, y estas a su vez las obras pictóricas y escultóricas.

Varones como Cosme y Damián, Erasmo de Formia, Román de Antioquía, Victor de Marsella, Marcelino, Pancracio, Vicente de Zaragoza y Pantaleón son algunas de las victimas de estas persecuciones. En sus martirios no sufrieron agresiones sexuales, ni fueron castrados, violados o sodomizados, no fueron objetos sexuales, las mujeres sí.

A diferencia de ello en el caso de las mujeres los martirios tienen una carga sexual, pese al puritanismo muestran sus cuerpos desnudos y además de violentas las escenas llegan al masoquismo más brutal, habiendo siempre una clara diferenciación entre la superioridad del verdugo masculino y la inferioridad de la víctima femenina.

Uno, entre muchos ejemplos, es el caso de Águeda de Catania, cuya leyenda fue narrada a mediados del siglo XIII en "La leyenda dorada" por el hagiógrafo Santiago de la Vorágine, entonces arzobispo de Génova. Águeda fue una virgen y mártir del siglo III que, perseguida como el resto de cristianos y cristianas en tiempos del emperador Decio, sufrió el acoso sexual del procónsul de Sicilia, Quintianus, y al ser rechazado por ella mandó que la encerraran en un lupanar para que fuera violada por los hombres que lo visitasen. Posteriormente, el procónsul enfurecido, ordenó que le cortaran los senos y, finalmente, dio la orden de arrojarla sobre carbones al rojo vivo.

Las representaciones del martirio que sufrió Águeda son abominables, posiblemente las más sangrientas, explícitas y crueles que podamos encontrar en la historia del arte. Águeda fue sometida a la violencia física, sexual y psicológica por su activismo y defensa pública de convicciones. Aunque fue amordazada, esposada, golpeada y quemada, los artistas que la han representado han coincidido en su mayoría en representar el momento más sanguinario y con más connotaciones sexuales que padeció y que consistió en la amputación de sus pezones, ensortijándolos y arrancándolos con unas tenazas enormes empuñadas por verdugos.

Para dramatizar la escena a la mujer la representan como una niña o adolescente de caderas pequeñas y pechos incipientes, desvalida, sin fuerzas, si ánimos, sin poner oposición incluso a veces con un gesto de complacencia o conformismo desconcertante y escalofriante. A la fragilidad de la joven se oponen los cuerpos broncíneos y adultos de los verdugos masculinos que, despiadados, en superioridad física y numérica proceden a torturarla.

Encontramos tablas góticas, de autores desconocidos que tratan el tema, obras de Sebastiano del Piombo, de Ambrosius Benson, de Paolo Veronese, Giovanni Lanfranco, Francesco Guarino, Andrea Vaccaro, Tiépolo y muchos más pero de entre ellas, por sus efectos de claroscuro, una de las más dramáticas y aterradoras es la del pintor manierista español Gaspar de Palencia que actualmente se exhibe en el Museo de Bellas artes de Bilbao y que realizó en 1578.

En la obra, la mártir aparece en el centro, y los efectos de la luz consiguen que pongamos toda nuestra atención en su tortura. Está sentada, resignada. El verdugo de la izquierda alza su brazo para practicarle una incisión en el seno; el de la derecha presiona con sus dedos un pezón con la intención de ponerlo erecto u posteriormente cortarlo con un cuchillo que alza y amenaza con la mano derecha. Junto a este un soldado romano observa con impasibilidad la escena, mientras al fondo otros tres varones la señalan acusatoriamente. La corpulencia y agresividad de los hombres se opone a la neutralidad y pasividad de la mujer que, lejos de resistirse asiente. Le escena refleja que tanto un hombre con "autoridad política" como un campesino están autorizados para torturar a una mujer.

Es angustioso pensar que hasta la actualidad Águeda es invocada contra las enfermedades asociadas a las glándulas mamarias, sea protectora de las nodrizas y también de los fundidores de campanas (quizá porque la forma de la campana elude a los senos). Iconográficamente fue representada como una joven vestida portando sus senos en una bandeja, recordemos el cuadro de Zurbarán.

El 26 de junio de cada año, se celebra el Día Internacional de Apoyo a las víctimas de Tortura. Amnistía Internacional declara que "La tortura es un acto basado en el abuso de poder y la discriminación de género facilita formas de tortura y penas crueles, inhumanas o degradantes que tienen como objetivo de manera especial o desproporcionada a las mujeres y las personas con identidades sexuales no mayoritarias". La torturas a mujeres incluyen violaciones y agresiones de tipo sexual. En el 2011 las activistas y periodistas que se manifestaron en Yemen contra el gobierno fueron perseguidas y recibieron palizas. En Bahrein, Aayat Alqomorzi recibió descargas eléctricas en el rostro después de ser detenida por recitar poemas alusivos al rey durante las protestas de ese año. También en China la abogada Ni Yulan fue torturada hasta dejarla en una silla de ruedas, y en otros países como Irán o Zimbawe, sucede lo mismo.

En los conflictos armados, las mujeres y las niñas son doblemente víctimas, tanto por el conflicto como por ser utilizadas como elemento de desgaste contra el enemigo violándolas y agrediéndolas. Como en la obra que hemos analizado, actualmente las escenas se repiten: mujeres lapidadas y vejadas públicamente, violadas grupalmente, propagándoles deliberadamente el VIH, e insertándoles repugnantes objetos en sus órganos sexuales, mutilándolas. En ocasiones, y tras la violación, bajo el pretexto de mantener el honor familiar, las víctimas son obligadas a un matrimonio forzoso, lo que equivale a una esclavitud sexual y tortura de por vida.

La mutilación genital femenina sigue practicándose en muchos países, no estando penalizada e incluso defendida públicamente en Indonesia por la Ministra de Sanidad. La esterilización forzada, que es otra forma de tortura que se practica en demasiados países con el pretexto de la planificación familiar. Las restricciones en el acceso al aborto, especialmente en los casos de violación o cuando el embarazo supone un riesgo para la vida, también son tratos denigrantes y vejatorios que constituyen una tortura para las mujeres.

Históricamente la tortura, no solo se ha utilizado como una forma para infligir dolor a una víctima específica sino también para aterrorizar a otras personas y disuadirlas de que emprendan diversas acciones. Son "vías" para obtener confesiones, delatar a otras personas pero esencialmente para restringir brutalmente los derechos.

Desde 1948, año en que se aprobó la Declaración Universal de los Derechos Humanos existe una prohibición mundial de tortura y de ejercer cualquier tipo de crueldad y humillación. 156 países han firmado desde entonces la "Convención contra la Tortura" de Naciones Unidas, tratándose de una prohibición vinculante incluso para los Estados no unidos a los tratados. Actualmente la tortura y los malos tratos son considerados crímenes del derecho internacional, incluso de lesa humanidad o genocidio, pese a que sus imágenes sigan formando parte del universo patriarcal en vez de utilizarse para la prevención y sensibilización de la violencia de género.

Hipersexualización femenina y explotación sexual de menores: Inocencia de Pedro Sáenz Sáenz.

Pedro Sáenz Sáenz "Inocencia". Óleo sobre lienzo. , 93 x 157 cm. 1899. Museo del Prado (no expuesto).

La cosificación de los cuerpos infantiles femeninos y la conversión de sus imágenes en objetos para satisfacer la mirada pedófila es histórica, sin embargo en el siglo XIX y coincidiendo con la incorporación de la mujer al mundo laboral y con nuevos aires que prometían emancipación, incrementó esta moda. Los apetitos sexuales masculinos se saciaron creando imágenes de niñas púberes desnudas, aberrantes, aparentemente frágiles pero anunciando una tendencia a la prostitución. Una cruel manipulación cuya perversión nos resulta evidente en la obra de Pedro Sáenz, pero con la que actualmente convivimos permitiendo que utilicen los medios de comunicación a las niñas como si de objetos sexuales se tratara.

La falsa hipocresía, el sentimentalismo y la escasa conciencia hacia la dignidad de las mujeres ha permitido y permite que niñas inocentes se conviertan visualmente en Lolitas, que son el antecedente de la mujer fatal e hijas de la prostitución, incitadoras a un perverso erotismo, a la perversión y a un estereotipo que diluye y anula toda capacidad intelectual. Una creación misógina deleznable.

Ante el avance del feminismo, la nueva posición de las mujeres en el trabajo y en la vida pública, el puritanismo decimonónico alentado por el patriarcado y temeroso de los avances femeninos potenció la utilización de los cuerpos de niñas, ausentes de curvas, con caras bonitas y que despertaran morbo para volver a crear a una mujer mala, perversa y responsable de las debilidades y desgracias de los hombres, niñas que continúan viviendo en el siglo XXI, absolutamente hipersexualizadas y utilizadas por un sistema capitalista en el que todo vale socavando la dignidad de la mujer y la vulneración de la infancia.

Pedro Sáenz Sáenz es considerado uno de los pintores prerrafaelistas españoles. Nació en Málaga en octubre de 1863 y falleció en la misma ciudad a los 64 años. Sus inicios pictóricos fueron en la ciudad andaluza y se perfeccionaron en Madrid, en la Escuela de Bellas Artes de San Fernando. En 1988 recibió una pensión para complementar su formación en Roma, donde se relacionó con Sorolla, Simonet, Viniegra y estudió a los grandes maestros italianos. El resultado es una obra académica, con importantes influencias clasicistas y cuyas protagonistas son, en general, niñas desnudas a las que pretende dar un simbolismo romántico que realmente es pornografía obscena y repulsiva. "La tumba del poeta", "Crisálida" e "Inocencia" son buen ejemplo de ello.

Su técnica es magnífica pero, si el contenido es lamentable, peor es la buena aceptación y aplauso que recibieron estas obras por la crítica de su momento. En las exposiciones generales de Bellas Artes obtuvo con "Crisálida" una medalla de 2ª clase en 1897, y con "Inocencia" la misma mención en 1899. En 1904 Pedro Sáenz, un pintor pedófilo, recibió el título de comendador de la

Orden de Alfonso XIII y, actualmente, tiene una calle dedicada en su ciudad natal.

Sobre un fondo de tela de damasco, más propio de un harén o de un prostíbulo, que de una habitación infantil, Sáenz retrata a "Inocencia" en una forma absolutamente repulsiva. Es una niña fingida, postiza, engañosa y descarada que exhibe su cuerpo desnudo a la fantasía masculina más depravada. Antinatural y tumbada, con las manos tras la cabeza y apoyada sobre una almohada ornada de muselinas y brocados blancos inmaculados, la niña sonríe lascivamente ofreciendo su cuerpo y su virginidad como antaño habían hecho Venus y majas desnudas, pero ahora niñas aprendices y futuras "femmes fatales". La obra perturba, desasosiega y ofende a las miradas limpias a la par que atrae a la perversión. Desvela, sin duda, a una sociedad corrupta atraída hacia el abuso a menores.

El lazo celeste del cojín, asociado a la masculinidad, y las flores bancas esparcidas alrededor de la niña simbolizan su inocencia y desfloración y es que, en los sectores más degenerados, se extiende la leyenda de que las enfermedades venéreas se curan desvirgando, incluso violando, a una joven. Una idea tan macabra como execrable.

La crítica consideró esta obra como "una preciosidad" que, además de ser galardonada fue adquirida por el Estado por 2.500 pesetas (cuantía importante en su momento, teniendo en cuenta que el salario medio de un español en 1900 era de 3 pesetas al mes, según Ricardo Ocaña, ganador del XV Premio de la Sociedad Española de Epidemiología) y, pese a que no era costumbre del gobierno ni de las instituciones comprar obras premiadas.

"Inocencia", un óleo sobre lienzo de 93 x 157 cm. actualmente se halla en el Museo del Prado y en cuyo catálogo se cita como "(...) dentro de lo que en su época se denominó «verismo», muy en la línea de Emilio Sala, y alcanzó sus mayores éxitos en la realización de retratos así como en sus apuntes sobre personajes populares".

Niñas sexys e infancias frágiles están normalizadas en la sociedad actual y no menos hirientes y groseras que la obra de Sáenz son las imágenes que penden en las redes sociales o se utilizan en los medios de comunicación para vender perfumes, ropa, maquillajes o gafas. Son imágenes que utilizan a las menores y las mercantilizan. Videos, anuncios y series hipersexualizan sus cuerpos como reclamo y como mercancía, y cada vez a edades más tempranas.

Las niñas proyectan sus vidas y sus relaciones en base a las imágenes que ven y, pese a la lucha feminista, las convierten en su medida de éxito perdiendo valores como la creatividad y la espontaneidad y comenzando tempranamente a desempeñar roles que coartarán su libertad, creyendo que su éxito social depende de su imagen personal y constriñéndose a cánones y estereotipos de belleza que son irreales, artificiales y forman parte del imaginario colectivo. Acaban convirtiéndose en objetos sexuales cuya existencia tiene como fin degradarse a sí mismas y agradar al varón.

De nuevo se juega macabramente con el desarrollo natural de las niñas, con su crecimiento, autoestima, seguridad, dependencia y falta de autonomía personal que las devuelve al sometimiento patriarcal y a la pérdida de la dignidad y a la rivalidad creada por el machismo entre las mujeres.

Sexualizar o hipersexualizar los cuerpos femeninos, especialmente infantiles, para agradar al masculino, dar rienda suelta a sus obscenos deseos o incrementar ventas y/o beneficios degradan el valor de las mujeres, las adentra en la pornografía y contribuye al incremento de la violencia contra nosotras, el acoso, la cosificación; refuerza actitudes que impiden el desarrollo personal, laboral, así como la oportunidad de vivir en igualdad de condiciones, devolviéndonos a la servidumbre y al lupanar.

Corresponsabilidad en la vida y arte de Lilly Martin Spencer.

Lilly Martin Spencer "Young Husband: First Marketing". Óleo sobre lienzo. 74.9 x 62.9 cm. 1854. The Metropolitan Museum of Art. Nueva York.

La sociedad actual parece que comprende y acepta que la corresponsabilidad es beneficiosa tanto para hombres como para mujeres, pero en la práctica es bien distinto, y es que el patriarcado se ha encargado de crear roles y estereotipos que perjudican a ambos sexos estigmatizando al hombre que se responsabiliza de las tareas de cuidado de afeminado o poco varonil y a la mujer que se vuelca en su carrera o profesión de hombruna o poco femenina. Ambos conceptos evidencian el destierro de su género por su elección.

La corresponsabilidad se entiende como una oportunidad para el liderazgo femenino, para la incorporación de las mujeres al mundo laboral y se olvida que es una oportunidad para que los varones dejen de soportar en exclusiva la carga económica además de disfrutar de sí mismo y su familia.

Si desmontar este tipo de actitudes hoy es difícil, 170 años atrás era una proeza y la artista Lilly Martin Spencer junto a su esposo lo hicieron tanto a nivel personal como creando ella obras que divulgaban un estilo de vida familiar nada convencional. Ella, con su talento técnico e ironía, tambaleó los cimientos de la sociedad americana desde sus exposiciones con cuadros que provocaban las risas de los espectadores, cuando en realidad era ella quien se mofaba de quienes los observaban.

"Young Husband: First Marketing", creado en 1854 y conservado hoy en el Museo de Arte Metropolitano de Nueva York, es buen ejemplo de ello.

Aunque los padres de la pintora eran franceses, ella nació en Inglaterra, en Exeter un 26 de noviembre de 1822. Su nombre originario fue Angelique Marie Martin y a la edad de 8 años, con su familia, emigró a Nueva York dónde vivieron durante 3 años hasta trasladarse a una granja en una pequeña ciudad de Ohio llamada Marietta. Desde bien pequeña fueron evidentes sus dotes artísticas y llamó la atención de artistas locales como Sala Bosworth y Charles Sullivan, quienes la apoyaron y asesoraron hasta conseguir que, en 1841 a los 19 años, organizará su propia exposición en una rectoría de la Iglesia del pueblo, que fue visitada por el crítico Nicholas Longworth quien, fascinado con su obra y su corta edad, le recomendó que fuera a estudiar a Cincinnati.

La madre de Lilly, Angelique Perrine LePetit Martin, era una firme seguidora del utopista Charles Fourier, y esas ideas calaron profundamente en su personalidad convirtiéndose en una mujer inusualmente independiente en su época así como firmemente creyente en la igualdad entre los sexos y la oportunidad para las mujeres.

Lilly se sentía artista y no pretendía serlo por presumir de habilidades, sino por ser su profesión.

Así, antes de cumplir los 20 años, marchó a Cincinnati donde se formó con los retratistas James Beard y John Insco William a quienes asombraba el estilo peculiar de la pintora.

En 1844, tres años después de haberse instalado en la ciudad Lilly conoció y se casó con Benjamin Spencer, y decidió mantener su apellido (ya sabemos que lo normal es adoptar el del cónyuge en los países anglosajones). Benjamin, inglés, trabajaba en una sastrería pero una vez casados decidieron que él dejara su trabajo para apoyarla a ella en su carrera, dedicándose a atender las labores domésticas. De éste modo Lilly se convirtió en el sostén económico de su hogar. Familiares y amigos apostaban que ella, antes o después, abandonaría su carrera pero se equivocaron. Además tuvieron 13 hijos de los que solo 7 llegaron a la madurez.

En 1848, buscando un mayor público Lilly y Benjamin se trasladaron a vivir a Nueva York, donde ya era conocida por las exposiciones que había realizado en la Academia Nacional de Diseño y en la American Art-Union. La población neoyorkina gustaba comprar cultura en la que se sintiesen representados y Lilly, que era especialista en retratos, encontró en esa brecha donde triunfar con escenas domésticas a menudo inspirándose en escenas de su propia familia. Así, se convirtió en la pintora de género femenina más popular y reproducida de mediados del siglo XIX.

Sus pinturas rebosaban optimismo, calidez y entusiasmo que transmitían felicidad y una forma de vida familiar sorprendente. También resultaba peculiar el nombre de sus obras a las que titulaba de forma corta, pegadiza y no descriptiva del contenido de la misma sino más bien como un reclamo artístico, "Una de las horas felices de la vida", "Las que debemos desaparecer", "Leyendo la leyenda" o "Bésame y tú besaras a las chicas" son algunos de los sugerentes títulos.

Lilly Martin también ilustró libros y revistas, realizó litografías e hizo retratos por encargo, entre otros el de la sufragista Elizabeth Cady Stanton. Sin embargo, había una gran disparidad entre su aparente popularidad y su éxito financiero. Realmente su vida fue una continua crisis económica repleta de facturas que se amontonaban a final de mes. Por ese motivo en 1858 ella y su familia se mudaron a vivir a una granja en New Jersey donde la crianza de animales de corral y la plantación de verduras evitó que cayeran en la inanición que trajo la guerra. La familia se trasladó de nuevo, en el invierno de 1879, a las zonas rurales de Nueva York, y un año después, con tan solo 46 años falleció su esposo quedándose ella viuda y con un montón de niños, por ello tuvo que vender la granja y trasladarse a otra más modesta a unos 10 kilómetros de distancia, manteniendo un estudio allí.

Lilly siguió trabajando hasta su muerte, acaecida el 22 de mayo de 1902, pero su situación económica siguió siendo insegura siempre. Lilly Martin perseveró a pesar de la crisis financiera y enfrentó desafíos que todos los artistas deben enfrentar, así como dificultades específicas para una mujer que trabajó en un mundo dominado por hombres.

La obra de Lilly Martin es tanto ideológica como utópica. Ideológica por fomentar a la clase media en ascenso en el mundo cultural; utópica, por resistirse a la dominación de la clase o del género. Sus obras, en su gran mayoría óleos sobre lienzo, fueron pintadas con una paleta de colores brillantes y nítidos, refinados en su ejecución y terminados con suavidad. Son llamativas las cabezas que pinta, grandes y desproporcionadas de sus cuerpos, especialmente en el caso de las mujeres con una intención de empoderarlas y equilibrarlas en la igualdad. También es curioso el tratamiento que da a los varones como amorosos esposos e ineptos maridos ante la corresponsabilidad. Ejemplo de ello es "Young Husband", cuyo modelo fue su esposo y a través de cuya obra pretendió un acercamiento cómico a las ansiedades sociales de su tiempo, y que era desmontar los roles de hombres y mujeres.

El protagonista del cuadro es Benjamin que, aturdido viene de hacer la compra de alimentos para su hogar pero de la canasta que porta ya han caído varias verduras que están esparcidas por el suelo, y un pollo que está cayendo. Sujetando el paraguas y la cesta al hombre parecen faltarle manos para llegar con la compra completa a su casa. Tras él, un caballero, observa sonriente al protagonista y al fondo una criada mira con desconcierto. Las costumbres de la familia de la artista provocaban la burla de la sociedad pero fue ella quien realmente le hizo un guiño a la misma con esta obra que expuso en la primavera de 1854 en la Academia Nacional de Diseño de Nueva York.

El marido de Lilly realizaba estupendamente las tareas de la casa, pero el público que vio la obra, tras divertirse, se sintió ofendido porque en el cuadro se ridiculizaba la gentileza e incompetencia del hombre.

Lilly Martin a mediados del siglo XIX trató sin pudor las relaciones hombre y mujer en una sociedad igualitaria y en una vida matrimonial con responsabilidades compartidas y lo hizo en términos humorísticos para provocar y sensibilizar a la sociedad del momento. Pintando escenas domésticas la artista visualizó a la mujer que reclamaba igualdad, espacio, ámbito y status profesional de modo que ambos sexos tuvieran las mismas oportunidades.

Resulta más que curioso que actualmente los hombres y las mujeres le dediquen prácticamente el mismo tiempo a las tareas domésticas cuando no tienen pareja (11 horas ellos y 13,5 ellas semanales), y que la cantidad de horas se duplique en el caso de ellas y se mantenga en la de ellos cuando conviven. Significa pues que ambos sexos están perfectamente cualificados para su realización pero la cultura patriarcal carga con esta labor a las mujeres por no estar remunerada económicamente.

Las tareas de la casa, en un estado de igualdad, han de contemplarse como una oportunidad para ambos sexos de compartir tiempo con la pareja, aumentar el bienestar personal y social, mejorar la complicidad con la persona elegida, disfrutar y conocer mejor a los y las hijas, aprender nuevas competencias y habilidades, dar independencia y autonomía, tener la satisfacción de ser capaz de cuidar de sí misma/o y de la familia, ser responsable y coherente y convertirse en un buen ejemplo para la prole.

Ningún hombre puede hablar de libertad o de justicia sin poner en práctica los valores de la igualdad en el hogar. Pues de lo contrario se convierte en el inepto que retrató Lilly Martin y que no fue, precisamente, su marido.

El canon de belleza y su desmitificación en la obra de María Aparici Vives.

Maria Aparici Vives. "Born to Fight". Óleo sobre lienzo. 146 x 114 cm. 2019. Colección de la artista.

A golpe de cincel, perfilando con el pincel o utilizando técnicas de photoshop, el hombre, en nombre del patriarcado, ha creado y diseñado modelos de mujeres según sus gustos, preferencias o necesidades de la época. El hombre ha sido activo-creador, la mujer pasiva-creada, de modo que las producciones pictóricas y escultóricas visibilizan la construcción artificial de un canon de belleza que forma parte de la violencia hacia la mujer. Violencia física, puesto que intentar alcanzarlo la ha perjudicado a todos los niveles.

La consecución del ideal de belleza impuesto en cada momento histórico ha impedido el crecimiento individual de la mujer y la ha sometido a modas y caprichos estéticos pasajeros que le han supuesto además de agresiones físicas contra su propio cuerpo y salud, bajos niveles de autoestima y elevados de frustración, creando mentalidades individuales y colectivas tendentes al "aspectismo" e ideando un imaginario colectivo irreal.

Podría pensarse que ésta es una moda pasajera, producto de la difusión de imágenes a través de los medios de comunicación, sin embargo no es así. Los cánones de belleza existen desde que existe la misma historia y han evolucionado y cambiado dependiendo de culturas y momentos históricos. Desde la prehistoria y pasando por la época clásica, medieval, moderna y contemporánea los modelos estéticos no han sido más que caprichos que han constreñido a las mujeres. Caprichos creados en un universo patriarcal en el que el hombre ha sido el creador y la mujer la creada; el hombre el artista y la mujer la musa.

Las producciones de la historia del arte permiten visibilizar que el canon de belleza es cambiante, pasajero y efímero y que las mujeres son experimentos del mismo desde la prehistoria hasta la actualidad.

El arte de los primeros tiempos nos revela que lo más importante era la supervivencia y crecimiento de los asentamientos nómadas. La belleza de la mujer se identificaba con la que tenía evidentes órganos reproductivos muy desarrollados que asegurasen un alumbramiento sin problemas. Las mujeres con grandes pechos, voluminoso vientre y anchas caderas fueron el ideal de belleza. Con la civilización egipcia cambiaron los gustos, se buscaba la armonía y las fórmulas matemáticas codificaron la belleza estableciéndose el tamaño del puño como canon. Así, la estatura perfecta de una mujer se correspondía con el tamaño equivalente a 18 de sus puños y el rostro perfecto a dos. La mujer debía de ser delgada, con pequeños miembros y pequeños pechos. En la época clásica, el tamaño del puño cedió al de la cabeza.

En el S. V a, C. Policleto estableció el canon de las 7 cabezas, en el S. IV pasó a 8 y en Roma a 9. El ideal de belleza se iba estilizando y, basándose en la simetría y la proporción, creando ideales artificiales e ilusorios.

Durante la Edad Media el cristianismo impuso recato, los rostros angelicales y virginales de tez blanca, rostro ovalado y rasgos menudos fueron los modelos a seguir puesto que transmitían bondad, generosidad y amor. Con el Renacimiento se recuperó la importancia de las proporciones clásicas, Leonardo Da Vinci concibió como ideal de belleza el número 1,681, y en base a él se alcanzaba la perfección. La fémina renacentista era bella si su piel era blanca, sus mejillas sonrosadas, su cabello rubio y largo, su frente despejada (lo que obligaba a muchas a afeitársela y depilar las cejas), sus ojos grandes y claros, sus hombros y cintura estrechos, sus caderas y estómagos redondeados, sus manos y dedos delgadas y pequeñas, su cuello largo (por lo que muchas se afeitaban la nuca) y sus senos pequeños, firmes y torneados.

En los S. XVII al XVIII la delgadez se interpretó como carencia de salud de modo que se consideró bella a la mujer de cuerpo rellenito y pechos prominentes. Ello afectó incluso a las vestimentas.

Las mujeres empezaron a utilizar corsets para levantar sus bustos, tacones para parecer más altas, pelucas para tener un aspecto más pomposo, incluso comenzaron a usar y abusar de espesos maquillajes, carmines y lunares postizos para distinguir su status social. A partir de 1730, con el Rococó se impone como modelo la figura femenina como delicada y ligera, sensual hasta que con el romanticismo se llega a poner de moda la mujer de aspecto enfermizo, frágil y dependiente, de rostro pálido y cuerpo extremadamente delgado.

El arte, como medio de propaganda difundía lo que ahora los medios de comunicación y las mujeres imitaban esas imágenes que los hombres habían creado. Con las vanguardias, impresionismo, expresionismo o fauvismo, entre otros, los artistas se sintieron atraídos por otras culturas lo que repercutió en la introducción de nuevas estéticas, etnias y diversidad.

En el siglo XX, inducidos por el consumismo las modas cambian más rápidamente. En los años 20 la mujer bella apenas tenía curvas, era una mujer más bien recta; en los 30 se impone la de cintura delgada y caderas anchas (Miriam Hopkin se convierte en un icono); en los 40, con Rita Hayworth y tras la II guerra mundial, el modelo de belleza pasa por tener una piel tersa y perfecta a la par que unos cuerpos sanos y delgados; en los 50 se reacciona contra la década anterior y se ponen de moda las voluptuosas piernas, los pechos abundantes y las anchísimas caderas. La revolución sexual de los 60 puso de moda la androginia, los cabellos cortos y los cuerpos sin formas marcadas; en los 70, con el turismo se puso de moda el bronceado y en los 80 los cuerpos delgados y tonificados (millones de videos de Jane Fonda haciendo ejercicios se vendieron en la época). En los 90, con la icónica Kate Moss, se consolida una imagen de la mujer extremadamente delgada, de estructura ósea angular y extremidades muy finas, comenzando a aparecer los primeros casos de anorexia y bulimia.

En el milenio que vivimos se ha impuesto lo que conocemos como "mujer perfecta" y que las Victoria's Secret encarnan a la perfección, mujeres altas, delgadas, de pechos grandes y caderas pronunciadas además de cuerpos tonificados. Un vaivén de modas creadas según los gustos y preferencias de los hombres y de las cuales las mujeres somos víctimas.

El feminismo y la historiografía feminista han desvelado como las creaciones pictóricas y escultóricas de mujeres artistas son lejanas a estos estereotipos de belleza. La mujer pintora se ha retratado a sí misma tal cual, incluso introduciendo en las obras los atributos intelectuales con los que se sentían identificadas. Aunque perteneciendo a diversos movimientos artísticos, no han caído en la trampa de crear imágenes según gustos patriarcales.

Como ejemplo de desmitificación de este mito de belleza y de crítica social de los perjuicios ocasionados a la mujer por el modelo patriarcal hallamos, actualmente, a la pintora expresionista María Aparici Vives nacida en Valencia y residente, en Madrid.

Maria Aparici ha tenido una formación artística academicista que comenzó en la Escuela de Artes Aplicadas de Burgos entre 1987 al 89, posteriormente se licenció en Diseño de Interiores en Nueva York y, entre 1993-1998 obtuvo la Maestría en la Facultad de Bellas Artes en la Universidad Complutense de Madrid. En 2007 se especializó en diseño gráfico asistido por ordenador. María Aparici es fotógrafa, retratista y pintora de gran formato, feminista de crítica social.

En 1998 comenzó con su primera exposición individual en Suiza, a la que le sucedieron en

Madrid, Cincinnati, Pamplona y Valencia. A nivel grupal, desde el año 2000 y hasta la actualidad, ha participado en exposiciones en Madrid, Valencia, Nueva York, Santander, Barcelona, Londres, Pescia, Berlín, Nueva Delhi, etc, obteniendo en 2016 el Premio de Ciencia, Museo d 'Arte e Scienza di Milano, Italia; y en 2019 los premios internacionales de Domain Group, Miguel Ángel y Botticelli. Su obra se distribuye entre varias colecciones de arte corporativo, como la Colección Daimler – Stuttgart, Investcorp – Bahrein, Cushman & amp; Wakefield – Madrid, así como formando parte de colecciones privadas.

Con títulos tan sugerentes como "Baby Girl", "Castagnettes in Spain", "Born to Fight", "Talluditas pero Sexys", "The Adulterer", "La Zorra", "Plantón" o "El Braguetazo", María Aparici no solo cuestiona y pone en la palestra los estereotipos de belleza femeninos, sino que propicia el debate sobre las perniciosas consecuencias que han creado entre las mujeres, rivalizando entre ellas para, lamentablemente, ser la más "bella" y llevarse como trofeo al "mejor" macho.

Con extrema distorsión expresiva, la artista representa la profundidad psicológica de sus protagonistas y su factura apresurada favorece el efecto turbador. Los colores fuertes expresan emociones; los neutros, inexpresividad y hermetismo. Con la conjugación de ambos crea arquetipos intemporales, precarios y ambiguos que luchan por sobrevivir ante la soledad y la incoherencia. Las protagonistas de las obras de María Aparici son mujeres que se caricaturizan a sí mismas ante un patriarcado que las ha dominado en una sociedad pendiente del status social.

"Born to Fight" es un oleo sobre lienzo de 146 x 114 cm, una de sus últimas obras realizada este año. Las protagonistas son una madre y su hija que representan dos épocas diferentes unidas por una misma situación de abusos, agresiones, acoso y malos tratos a la que sobreviven apoyándose una en la otra con los rostros desfigurados y sin renunciar a exhibir los atributos sexuales de sus cuerpos cosificados.

En el mundo del arte de María Aparici las mujeres forman parte de la marginalidad, del victimismo, del canon. Delgadas, desgarbadas y pintarrajeadas denotan la prostitución matafórica a que ha sido sometida la mujer con el machismo, cuyo cuerpo se ha idealizado, su trabajo no se ha remunerado y su tiempo no se ha respetado y, pese a todo, la mujer se ha arrastrado y aceptado. Las mujeres de

María parecen ridículas pero lo son en tanto en cuanto las ha ridiculizado la sociedad, no ella. "Selfies" e "Influencers" son muchos conceptos a analizar.

El canon de belleza aparece desmitificado en la obra de Maria Aparici representando a las mujeres víctimas de la anorexia, la bulimia, la vigorexia, la tanorexia, la ortorexia, la diabulimia, la drunkorexia, la pregorexia, la potomania, la permarexia y las intervenciones quirúrgicas y esperpénticos maquillajes que no son más que la consecuencia de intentar conseguir esa imagen tan irreal como diabólica.

Lejos de despreciar a la mujer, María Aparici nos invita a reflexionar sobre los 80.000 nuevos casos anuales de pacientes con trastornos relacionados con la alimentación en nuestro país, el 95% mujeres, y por cuyas causas fallecen más de 100 personas al año. Trastornos ocasionados a consecuencia de pretender conseguir un canon de belleza que debiera contemplarse como violencia hacia la mujer.

La manipulación de las imágenes de mujeres se ha utilizado históricamente con fines políticos, propagandísticos o comerciales y ese ha sido el motivo de distorsionar la realidad. El culto al cuerpo solo produce altos niveles de insatisfacción con el mismo, aislamiento, baja autoestima, frustración y desatención por la vida social, sentimental o familiar, que son en definitiva las mismas consecuencias que las derivadas de los malos tratos psicológicos.

Artistas como María Aparici, con su transgresión, ayudan a través de las artes plásticas en la ardua tarea de la prevención y la sensibilización ante demasiados perjuicios que nos provoca la cultura patriarcal.

Una obra artística, crítica, social, reivindicativa y feminista.

Conclusión

Griselda Pollock en 2015 en "Visión y diferencia" señalaba que *que mientras el feminismo continúe el discurso clásico sobre el arte, éste no hará más que mantener la legitimación masculina que ofrece la estructura del canon clásico en su falocentrismo.* Es decir, seguir realizando una lectura clásica del arte continua anulando y entorpeciendo comprender la función de la mujer en el arte como objeto y como sujeto creador.

El presente ejemplar es un mecanismo de cambio en la lectura del arte de modo que más allá de fechas y datos bibliográficos que tienden a trivializar el estudio de género, propone a la mujer como protagonista, destruyendo el modelo totalizador e instaurando una historiografía feminista.

Profundizando en las vidas turbulentas de algunas artistas educadas en el mito del amor romántico, analizando imágenes cosificadas de mujeres creadas al capricho del patriarcado, profundizando en mitos y leyendas que esconden abusos sexuales y violaciones o estudiando obras creadas por féminas cuyo valor ha sido invisibilizado por el simple hecho de ser producido por mujeres entendemos que a lo largo de la historia la mujer ha sido y es un objeto al servicio del patriarcado.

El estudio del arte y su relación con las mujeres acaba de comenzar. Son muchas las biografías que deben rehacerse con otros parámetros y mucha la perspectiva de género que aplicar al arte. Esta es por tanto una versión novedosa, arriesgada y que desea no dejar, para bien o para mal, indiferente a nadie.

Acostumbramos a relacionar la violencia de género con el asesinato, obviando la que se ejerce desde otros ámbitos como el familiar, sexual, económico, intelectual, físico, histórico, académico, institucional, cultural, religioso o político.

Es deseo de esta autora poner todos estos temas en la palestra creando debate y crítica y, acercando a la sociedad las obras de arte como herramienta en la formación en igualdad. La educación es la única forma de poner fin a la violencia machista.

Espero que, al finalizar este libro, se sienta el arte más próximo y adivinemos en las obras que se pongan ante nuestros ojos a hombres y mujeres, ante todo a personas, víctimas de una sociedad patriarcal.

Bibliografía

Alexandrian, S. (1980 [1977]). Los libertadores del amor. Trad. Adolfo Sarabia Santander. Badalona: Ruedo ibérico.

Addis, S. (1989). The Art of Zen: Paintings and Calligraphy by Japanese Monks 1600-1925. Nueva York: Harry N. Abrams.

Ballester Buigues, I. (2012). El cuerpo abierto, Representaciones extremas de la mujer en el arte contemporáneo. Gijón: Trea.

Breton, A. (1972 [1924]) Los pasos perdidos. Madrid: Alianza editorial. Trad. Miguel Veyrat.

Caballero Guiral, J. (2002). La mujer en el imaginario surreal. Figuras femeninas en el universo de André Breton. Castellón: Universitat Jaume I.

Chadwick, W. (1992 [1990]). Mujer, arte y sociedad. Trad. María Barberán. Barcelona: Destino.

De Cecco, E. y Romano, G. (2002). Contemporanee. Percorse e poetiche delle artiste degli anni ottanta a oggi. Milano: Postmedia.

Lebovici, E. (2009). La gêne du féminin. En Elles @centrepompidou. París: Centre Pompidou.

Leymann, H. (1996). The Content and Development of Mobbing at Work. European Journal of Work & Organizational Psychology. Vol. 5. Issue 2, 165-184.

Marín Torres, J. M. (2008). Silencio y filosofía (Pensar en, desde, contra el silencio). En M. Farrell y M. Dos (Eds.), Veintinueve maneras de concebir el silencio. Castellón: Diputación provincial.

Marinetti, F. T. (1983, [1919]). Contro il matrimonio. En Democrazia futurista. Dinamismo politico, en Teoria e invenzione futurista, a cura di Luciano di Maria. Milano: Mondadori.

Nicoïdski, C. (1994). Une histoire des femmes peintres. Francia: Jean-Claude Lattès.

Nochlin, L. (1994 [1971]). Why Have There Been No Great Women Artists? En L. Nochlin, Women, Art, and Power and Other Essays (pp. 145-178). London: Thames & Hudson.

Pizan, C. (de) (1995 [1405]). La ciudad de las damas. Traducción de Maire-José Lemarchand. Madrid: Siruela.

Pollock, G. (1994). Histoire et politique: l'histoire de l'art peut-elle survivre au féminisme? En Féminisme, art et historie de l'art. París: École Nationale Supérieure des Beaux-Arts.

Weininger, O. (1985 [1902]). Sexo y carácter. Traducción del alemán de Felipe Jiménez de Asúa. Barcelona: Península.

Weidner, M. (Ed.). (1990). Flowering in the shadows. Women in the History of Chinese and Japanese Painting. Honolulu, Hawai: University of Hawaï Press.